现代流通国家级实验教学示范中心指定教材

上海高等教育内涵建设"085"工程项目成果

小企业会计模拟实训

主编 李相波 李 茉

参编人员 华君敏 米 军 张学龙

郑 莹 徐月丽

立信会计 出版社

LIXIN ACCOUNTING PUBLISHING HOUSE

图书在版编目(CIP)数据

小企业会计模拟实训 / 李相波,李茉主编. —上海:
立信会计出版社,2018.6(2025.2 重印)
ISBN 978 - 7 - 5429 - 5780 - 1

Ⅰ. ①小… Ⅱ. ①李… ②李… Ⅲ. ①中小企业—会
计—教材 Ⅳ. ①F276.3

中国版本图书馆 CIP 数据核字(2018)第 112662 号

策划编辑　　洪梅春
责任编辑　　赵志梅
封面设计　　周崇文

小企业会计模拟实训

XIAOQIYE KUAIJI MONI SHIXUN

出版发行	立信会计出版社			
地　　址	上海市中山西路 2230 号	邮政编码	200235	
电　　话	(021)64411389	传　　真	(021)64411325	
网　　址	www.lixinaph.com	电子邮箱	lixinaph2019@126.com	
网上书店	http://lixin.jd.com	http://lxkjcbs.tmall.com		
经　　销	各地新华书店			

印　　刷	苏州市古得堡数码印刷有限公司
开　　本	787 毫米×1 092 毫米　　　1/16
印　　张	16
字　　数	230 千字
版　　次	2018 年 6 月第 1 版
印　　次	2025 年 2 月第 3 次
书　　号	ISBN 978 - 7 - 5429 - 5780 - 1/F
定　　价	46.00 元

前　　言

《小企业会计模拟实训》以小企业会计经济业务为主线,共分为三个部分:第一部分,小企业会计模拟实训指导;第二部分,小企业经济业务简介;第三部分,小企业会计模拟实训凭证。

本教材按照《小企业会计准则》的要求,通过对小企业(制造业)现金业务、银行存款业务和转账业务等基本会计核算业务环节进行讲解和实务操作,使参与训练的学生能够掌握小企业全部经济业务会计核算基本流程,包括:凭证分析、自制原始凭证的填写、记账凭证的填制、结算凭证的填制、登记账簿、成本计算、纳税申报、结账、试算平衡、编制会计报表等相关环节。

本教材的素材主要来源于上海高等教育内涵建设"085"工程项目的研究成果,该项目由上海应明德会计师事务所的注册会计师和上海商学院师生合作完成。本教材从会计专业学生实务学习角度出发,结合从教教师多年的教学经验,基于项目研究成果编写而成。本教材由李相波、李茉任主编,华君敏、米军、张学龙、郑莹、徐月丽老师参与编校,房英超、许慧君、杨李洁、杨心怡四位同学参与模拟实训案例校对。

本教材为学生提供了真实的小企业会计业务核算素材。同时,为了方便学习,《小企业会计准则》原文以二维码方式提供。需要自制原始凭证和记账凭证参考答案、明细分类账参考答案、总分类账参考答案、财务报表参考答案等资料的老师,可以向立信会计出版社免费索取,或发邮件至 18017196616@163.com 索取。

编者建议:教学开始阶段,学生按照模拟实训指导的要求,遵循《小企业会计准则》,对小企业的经济业务进行独立思考,完成会计实务处理;课程后期再使用参考答案,不要在开始时就对参考答案产生依赖。

经济业务共计 92 笔,预计需要填写现金收款凭证 1 张、现金付款凭证 3 张、银行存款收款凭证 5 张、银行存款付款凭证 18 张、转账凭证 65 张。教学中,指导教师可以根据教学目的和要求确定合适的记账凭证类别及账务处理程序,最好与参考答案略有差异,让学生有一定的自主操作的发挥空间。

本教材适合应用型本科学生的"综合会计实务"课程训练,也适合高职高专、中专会计专业的手工会计实训课程训练。

编　者

2018 年 5 月

目　　录

小企业会计准则

第一部分　小企业会计模拟实训指导

第一节　实训的框架体系

"小企业会计模拟实训指导"只涉及基本操作规范,仅供师生参考。具体的会计处理程序要根据课程教学目的和要求、学生培养目标,由指导教师具体设定(包括记账凭证种类、记账凭证编号方式、凭证装订方式等)。

一、课程性质

课程名称:小企业会计模拟实训

实训课性质:非单独设置实训课程或单独设置实训课程

学　　　时:32～54

适用专业:开设过"会计学基础"课程的财经类专业

二、实训目的

"小企业会计模拟实训"是培养应用型会计专业学生掌握小企业会计实务操作技能的重要实践教学环节,也适合对其他非会计专业的经济类专业学生的会计实训教学。小企业会计模拟实训有完全仿真的小企业会计核算素材,还提供了完整的《小企业会计准则》,方便对照具体规定和要求。无论经济案例,还是原始凭证都力求仿真,学生可以在仿真的环境中进行会计实务训练。

根据教育部《关于深化职业教育教学改革全面提高人才培养质量的若干意见》(教职成〔2015〕6号)文件精神,学校的教学强调推进专业教学紧贴技术进步和生产实际,有效开展实践性教学。作为一门面向就业、学而有用的专业核心职业能力课程,"小企业会计模拟实训"要求做到理论和实务并重,即具有一定的技术性,又具有可操作性。因此,通过小企业会计实务模拟各环节的实训,学生应能够识别和填制小企业各类会计业务相关的原始凭证,编制记账凭证;登记现金日记账、银行存款日记账、相应的明细账和总账,编制试算平衡表,并能够编制小企业资产负债表和利润表,从而对小企业经济业务的会计处理流程有系统的感性认识并具备相关的职业技能,同时激发学生学习的积极性,巩固、深化课堂教学内容,进一步提高学生分析问题和解决问题的综合能力。这是培养"就业能上岗、上岗能顶岗"的会计专业人才所采取的关键措施。

三、实训基本内容

实训一　填制和审核会计凭证

实训二　设置和登记账簿

实训三　编制会计报表

四、实训环境

会计模拟实训室或教室均可,需要凭证装订用具(打孔机、手缝针、棉线、胶水、长尾票夹、裁纸刀);多媒体投影和实物投影。

五、实训材料

(一)会计凭证

选择1　专用记账凭证

收款凭证6~10张/人、付款凭证21~31张/人、转账凭证65~75张/人(有的业务涉及的科目比较多,一个会计分录需要用几张记账凭证填写);凭证封面、封底、包角纸每人各3张。

选择2　通用记账凭证

记账凭证95~120张/人;凭证封面、封底、包角纸每人各1张。

(二)账页

现金日记账1张、银行存款日记账3张;总账账本1本(100页/本)、数量金额式账4张;多栏式账3张("应交税费""制造费用""管理费用"等账户用);生产成本明细账2张;三栏式明细分类账10张。

(三)表格

试算平衡表1张、科目汇总表3张。

(四)会计报表

资产负债表、利润表各1张。

六、实训用书

李相波、李茉主编的《小企业会计模拟实训》,立信会计出版社2018年版。

其他参考书:

(1)董惠良主编的《会计学基础教程》,立信会计出版社。

(2)董惠良主编的《会计学》,高等教育出版社。

(3)董惠良主编的《中级财务会计》,立信会计出版社。

第二节　实训的基本内容

实训一　填制和审核会计凭证

(一)实训目的

学生通过实训应了解原始凭证的审核和记账凭证的填制程序,熟悉记账凭证填制的具体业务环节,掌握记账凭证的填制方法。

(二)实训要求

1. 填写记账凭证时,应特别注意汉字、数字的规范。

(1)阿拉伯数字在书写时,不得连笔写,必须一个一个地写(见图1-1)。阿拉伯数字金额前必须书写货币币种符号或者货币名称的简写和币种符号(例如,￥、£、$)。币种符号与阿拉伯数字之间不得留有空白(例如,人民币 18 890.00 元,应写为:￥18 890.00,不得写为￥ 18 890.00)。如果在金额数字前书写了币种符号,数字后面不再写货币单位。

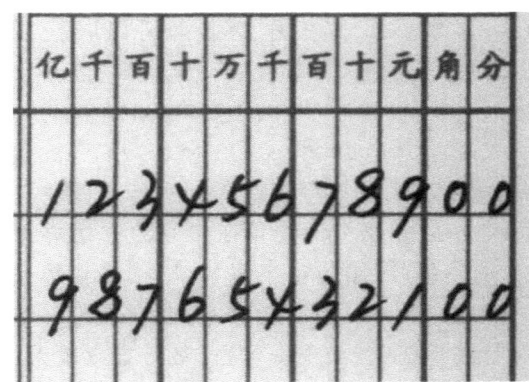

图 1-1　财务人员阿拉伯数字书法样贴

(2) 所有以元为单位的阿拉伯数字,除表示单价等情况外,一律填写到角分;无角分的,角位和分位可以填写"00",或者填写符号"—";有角无分的,分位应当填写"0",不得用符号"—"代替。

(3) 汉字大写的金额,一律用正楷或者行书体书写,写为"零、壹、贰、叁、肆、伍、陆、柒、捌、玖、拾、佰、仟",不得写为"○、一、二、三、四、五、六、七、八、九、十、百、千"。大写金额数字到元为止的(或者到角为止的),在"元"或者"角"字之后填写"整"字或者"正"字(例如,10 879.5 元,写为:壹万零捌佰柒拾玖元伍角整);如果有分的,"分"字后面不写"整"字或者"正"字(例如,10 879.52 元,写为:壹万零捌佰柒拾玖元伍角贰分)。

(4) 大写金额的数字前未印有货币名称的,要加填货币名称,币种名称与金额数字之间不得留有空白。

(5) 阿拉伯数字书写的金额,中间只有一个"0"的(例如,10 879 元),用汉字大写时,只写一个"零"字(写为:壹万零捌佰柒拾玖元整);如果阿拉伯数字金额中间连续有几个"0"的(例如,10 078 元),用汉字大写时,也可以只写一个"零"字(写为:壹万零柒拾捌元整);如果阿拉伯数字金额元位是"0"的(例如,18 870 元),用汉字大写时,可以不写"零"字(写为:壹万捌仟捌佰柒拾元整);如果阿拉伯数字中间连续有几个"0",元位也是"0",但角位不是"0"的(例如,10 070.5 元),用汉字大写时,可以只写一个"零"字(写为:壹万零柒拾元零伍角整),也可以不写"零"字(写为:壹万零柒拾元伍角整)。

(6) 每个数字应紧贴底线,上端不可顶格,高度应占全格的 1/2 至 2/3 的位置。除"6、7、9"外,其他数字要高低一致。写"6"时,上端比其他数字高出 1/4;书写"7"和"9"时,下端伸出 1/4。

(7) 每个数字排列有序,并要有一定倾斜度,每个数字倾斜度要一致,一般要求上端向右顺斜 55～60 度。

2. 票据出票日期的填写规范。

中国人民银行规定的《票据填写规范》中规定:"六、票据的出票日期必须使用中文大写。

为防止变造票据的出票日期,在填写月、日时,月为壹、贰和壹拾的,日为壹至玖和壹拾、贰拾、叁拾的,应在其前加'零';日为拾壹至拾玖的,应在其前加'壹'。如1月15日,应写成零壹月壹拾伍日。再如10月20日,应写成零壹拾月零贰拾日。七、票据出票日期使用小写填写的,银行不予受理。大写日期未按要求规范填写的,银行可予受理,但由此造成损失的,由出票人自行承担。"具体的,1月、2月、10月前加零,即零壹月、零贰月、零壹拾月;11月、12月,写作壹拾壹月、壹拾贰月;1~9日、10日、20日、30日前加零,即零壹日~零玖日、零壹拾日、零贰拾日、零叁拾日。

3. 记账凭证编号的填写规范。

给记账凭证编号,是为了分清记账凭证处理的先后顺序,便于登记账簿和进行记账凭证与账簿记录的核对,防止会计凭证的丢失,并且方便日后查找。记账凭证编号的方法有多种,一种是将财会部门内的全部记账凭证作为一类统一编号,编为记字第××号;一种是分别按现金和银行存款收入、现金和银行存款付出以及转账业务三类进行编号,分别编为收字第××号、付字第××号、转字第××号;还有一种是按现金收入、现金付出、银行存款收入、银行存款付出和转账五类进行编号,分别编为现收字第××号、现付字第××号、银收字第××号、银付字第××号、转字第××号。当月记账凭证的编号,可以在填写记账凭证的当日填写,也可以在月末或装订凭证时填写。记账凭证无论是统一编号还是分类编号,均应分月份按自然数字顺序连续编号。通常,一张记账凭证编一个号,不得跳号、重号。每次实训时,指导教师应给学生制定一种编号方式。

(三) 实训内容与步骤

1. 了解模拟企业情况。认真阅读第二部分中的企业基本情况。11月30日上海千绿动力能源有限公司结账后总分类账余额、明细分类账余额;大概浏览12月份上海千绿动力能源有限公司发生的经济业务,对实训内容进行总体了解。

2. 分析经济业务。对小企业经济业务简介中的每笔经济业务的凭证进行认真分析,确定会计分录,确定相应的记账凭证种类。逐项填写各项目。

3. 填写记账凭证。

(1) 日期,填写业务发生时间。

(2) 凭证号,按前述要求填写。

(3) 摘要,用最简单的短语,描述该项经济业务的特征,不要重复记账凭证上能够表达的常规内容,字数不宜过多。

(4) 会计科目,填写会计准则规定的科目,注意书写规范。

(5) 金额,金额应与对应的会计科目在同一行,注意书写规范。

(6) 附件张数,附件张数是指记账凭证后粘贴的该项业务的原始凭证张数,用汉字"零、壹、贰、叁、肆、伍、陆、柒、捌、玖、拾、佰、仟、万、亿"书写。

(7) 制单,此处填写学生本人姓名(后续的"审核"人与此人不得重复)。

(8) 空白处划直线或斜S线,此线应划满,上下不可以留空行,如图1-2所示。

4. 粘贴凭证。将原始凭证从第三部分小企业仿真会计凭证上完整地裁剪下来,注意凭证左侧要充分留足纸张,便于粘贴。将原始凭证整齐地粘贴在粘票纸上,如果没有专用粘票纸可以粘在记账凭证背面(记账凭证与原始凭证的正面均向上),之后,将记账凭证粘在最上面。

图1-2 记账凭证填写样式

5. 凭证装订。会计凭证装订有多种方法,常见的有左侧装订、左上角包角装订等。下面就以左上角包角装订为例,分步讲解会计凭证装订步骤,见图1-3。

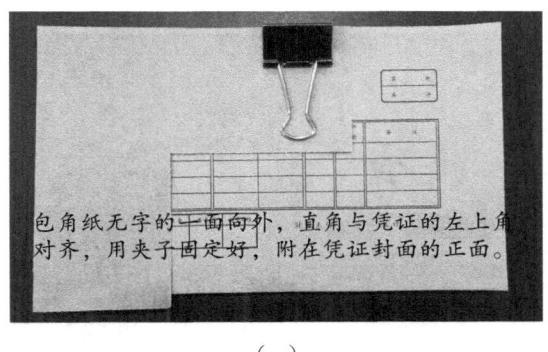

包角纸无字的一面向外,直角与凭证的左上角对齐,用夹子固定好,附在凭证封面的正面。

（一）

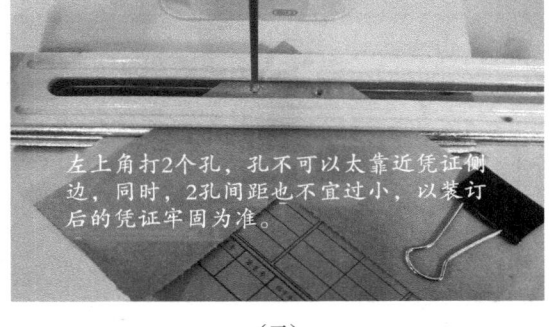

左上角打2个孔,孔不可以太靠近凭证侧边,同时,2孔间距也不宜过小,以装订后的凭证牢固为准。

（二）

从凭证背面开始穿线

（三）

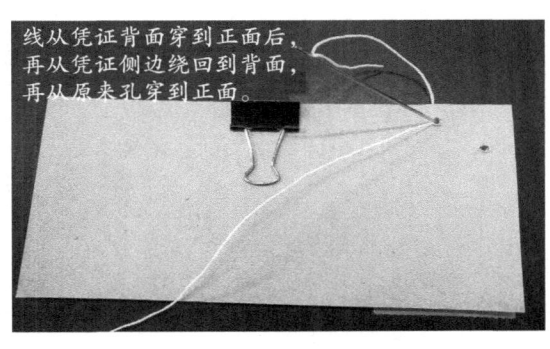

线从凭证背面穿到正面后,再从凭证侧边绕回到背面,再从原来孔穿到正面。

（四）

图1-3

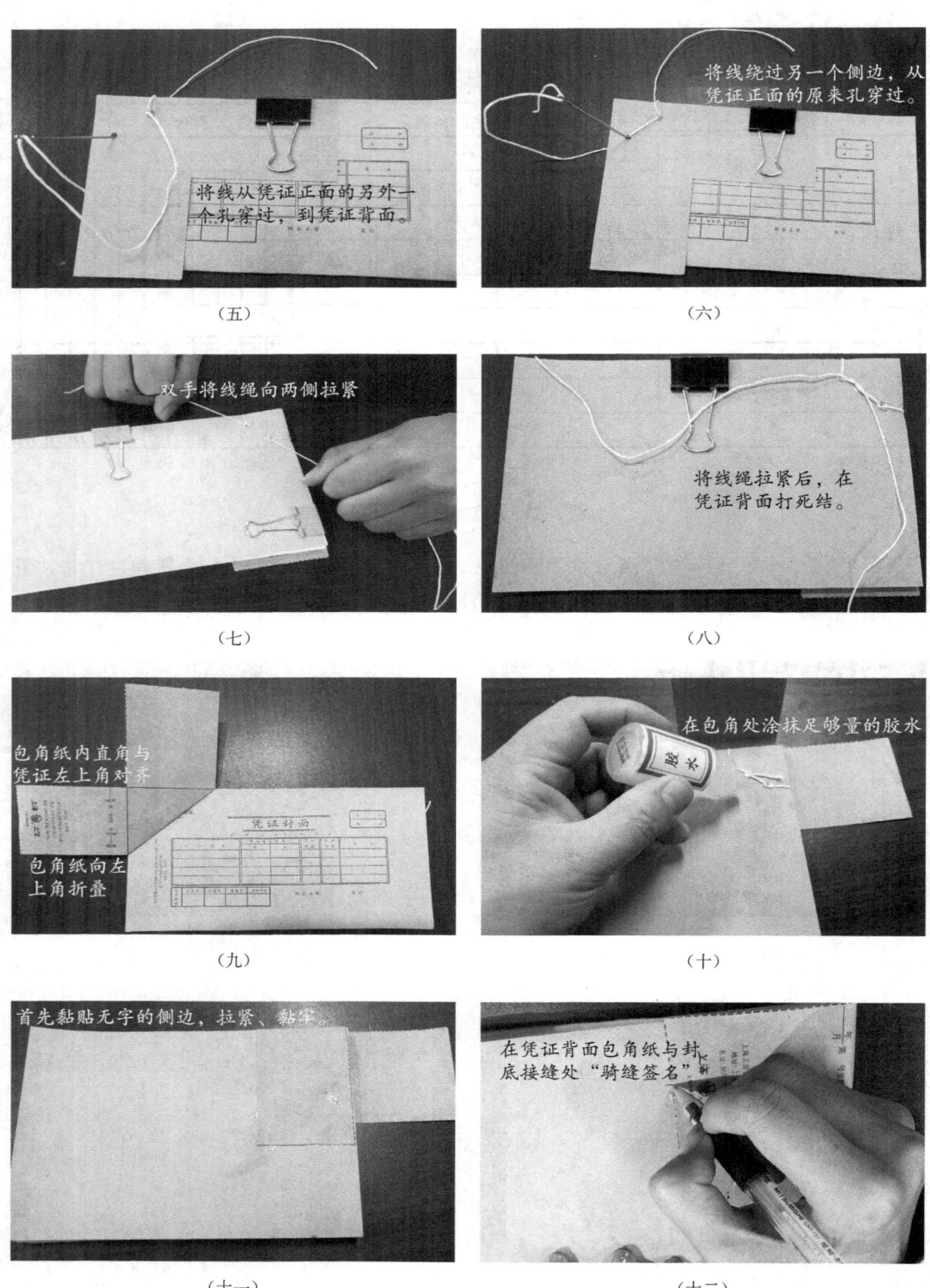

（五）　将线从凭证正面的另外一个孔穿过，到凭证背面。

（六）　将线绕过另一个侧边，从凭证正面的原来孔穿过。

（七）　双手将线绳向两侧拉紧

（八）　将线绳拉紧后，在凭证背面打死结。

（九）　包角纸内直角与凭证左上角对齐　包角纸向左上角折叠

（十）　在包角处涂抹足够量的胶水

（十一）　首先黏贴无字的侧边，拉紧、黏牢。

（十二）　在凭证背面包角纸与封底接缝处"骑缝签名"

图 1-3

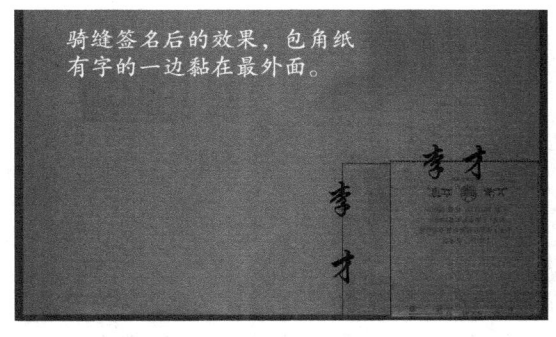
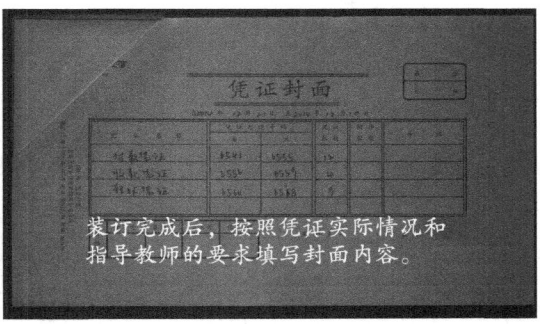

（十三） （十四）

图1-3 会计凭证装订示意图

（四）本项实训注意事项

书写规范是本项实训的第一要务，实训的主要目的就是要训练学生的会计书法基本功，掌握填制记账凭证的基本要领。第一笔业务就要认真操作，完成后必须请指导教师检查，在教师的指导下修正。

实训二 设置和登记账簿

（一）实训目的

学生通过实训应了解记账凭证与账簿的关系，熟悉账簿体系的构成、账簿的种类及用途，掌握根据记账凭证登记账簿的原理、要点和方法，掌握试算平衡表的编制方法。

（二）实训要求

（1）注意体会根据记账凭证登记账簿的程序，理解账簿记录与记账凭证之间的关系。

（2）登记账簿时，应当将会计凭证日期、编号、业务内容摘要、金额和其他有关资料逐项记入账内，做到数字准确、摘要清楚、登记及时、字迹工整，这是会计的基本功练习，具有重要意义。

（3）登账时，要认真、谨慎，尽量不要出现错误，减少查账更正，保证账页整洁、美观。

（4）账簿中书写的文字和数字上面要留有适当空距，不要写满格，一般应占据格距的1/2。

（5）登记账簿要用蓝黑墨水或者碳素墨水书写，不得使用圆珠笔（银行的复写账户除外）或者铅笔书写。

（6）下列情况，可以用红色墨水记账：①按照红字冲账的记账凭证，冲销错误记录；②在不设借贷等栏的多栏式账页中，登记减少数；③在三栏式账户的余额栏前，如未印明余额方向的，在余额栏内登记负数余额；④根据国家统一的会计制度的规定可以用红字登记的其他会计记录。

（7）各种账簿应按页次顺序连续登记，不得跳行、隔页。如果发生跳行、隔页，应当将空行、空页划线注销，或者注明"此行空白""此页空白"字样，并由记账人员签名或者盖章。

（8）日记账中要求注明对应科目，对于复合分录中对应多个会计科目，要分别逐行记账。例如，下面是复合会计分录：

借：管理费用	3 000
销售费用	2 000
制造费用	1 000
贷：银行存款	6 000

分笔逐行登记银行存款日记账,如表 1-1 所示。

表 1-1

银行存款日记账

2018年		记账凭证号数	摘要	对方科目	收入									付出									借或贷	结余								
月	日				万	千	百	十	元	角	分			万	千	百	十	元	角	分				万	千	百	十	元	角	分			
11	9		承前页																				借	1	2	9	4	0	0	0			
11	9	121	付水费	管理费用											3	0	0	0	0	0												
11	9	121	付水费	销售费用											2	0	0	0	0	0												
11	9	121	付水费	制造费用											1	0	0	0	0	0												
11	9		本日合计												6	0	0	0	0	0	借			6	9	4	0	0	0			
11	30	122	存现金	库存现金		8	0	0	0	0	0																					
11	30	123	餐费	管理费用												8	0	0	0	0												
11	30		本日合计			8	0	0	0	0	0					8	0	0	0	0	借		1	4	1	4	0	0	0			
11	30		本月合计			2	2	0	0	0	0		1	6	8	0	0	0	0	借		1	4	1	4	0	0	0			
12	1	124	办公费	管理费用													2	0	0	0												

注:(1) 假设 11 月期初余额为 8 940.00 元;

(2) 11 月期末余额=期初余额+本期收入合计-本期付出合计

= 8 940.00+22 000.00-16 800.00=14 140.00(元)

(9) 现金日记账的登记方法。现金日记账由出纳人员根据同现金收付有关的记账凭证,按时间顺序逐日逐笔进行登记,并根据"上日余额+本日收入-本日支出=本日余额"的公式,逐日结出现金余额(每日结 1 次),与库存现金实存数核对,以检查每日现金收付是否有误。银行存款日记账的登记方法与现金日记账相同。

(10) 凡需要结出余额的账户,结出余额后,应当在"借或贷"等栏内写明"借"或"贷"等字样。没有余额的账户,应在"借或贷"栏内写用"平"字,并在"余额"栏用"0"表示。

(11) 每一账页登记完毕结转下页时,应当结出本页合计数及余额,写在本页最后一行和下页第一行有关栏内,并在摘要栏内注明"过次页"和"承前页"字样。

(12) 对需要结计本月发生额的账户,结计"过次页"的本页合计数应当为自本月初起至本页末止的发生额合计数;对需要结计本年累计发生额的账户,结计"过次页"的本页合计数应当为自年初起至本页末止的累计数;对既不需要结计本月发生额也不需要结计本年累计发生额的账户,可以只将每页页末的余额结转次页。

(三) 实训内容与步骤

(1) 建账。根据期初余额及各项经济业务,建立日记账、明细账及总账。将月初余额写入相应账页第 1 行,摘要写"承前页"字样,"借或贷"栏表明方向。

（2）登账。根据记账凭证的内容登记相应日记账和明细账账簿,登记完每个科目及金额后,应及时在记账凭证上标　符号"√",表明已经记账。

（3）试算平衡。月末编制试算平衡表。发现不平衡,应及时查明原因予以更正。

（4）登记总账。定期编制科目汇总表,根据科目汇总表登记总账。如果,每旬登记一次总账,则每月登记总账三次。

（5）结账。每个账户结出本月合计金额和余额。用红笔画出红线。

（四）本项实训注意事项

字迹工整、程序规范。

实训三　编制会计报表

（一）实训目的

学生通过实训,能熟练掌握资产负债表和利润表的编制步骤和方法。

（二）实训要求

认真复习所学的理论知识,理解资产负债表和利润表的编制原理。

（三）实训内容与步骤

（1）将期初余额记入相应账户并过入资产负债表,编制会计分录。

（2）根据各资产、负债和所有者权益类账户的期末余额,运用资产负债表的编制原理编制2018年12月31日资产负债表。

（3）根据各损益类账户的发生额,运用利润表的编制原理编制2018年度利润表。

（四）本项实训注意事项

通过试算平衡、对账等手段,确保账簿记录真实、完整、准确。

第三节　实训的评分标准

小企业会计模拟操作评分标准,如表1-2所示。

表1-2

小企业会计模拟操作评分标准
总分100分

序号		评　分　内　容	标准分
1	书写	文字书写	10
		数字书写（包括阿拉伯数字和汉字数字）	10
		小　计	20
2	原始凭证	填写	10
		审核	10
		小　计	20

（续表）

序号		评 分 内 容	标准分
3	记账凭证	分录的准确性	10
		要素的完整性	8
		审核的正确性	8
		小　计	26
4	会计账簿	设账的准确性	2
		设账的完整性	2
		账簿要素的完整性	2
		登账的准确性	2
		小　计	8
5	会计报表	试算平衡的准确性	2
		报表要素的完整性	2
		报表编制的完整性	2
		小　计	6
6	资料装订	凭证的装订	10
		账簿的装订	5
		报表的装订	5
		小　计	20
		总　分	100

第二部分　小企业经济业务简介

第一节　企业概况及企业会计政策

一、企业基本情况

（一）公司概述

上海千绿动力能源有限公司（以下简称千绿公司、千绿动力或公司）是由上海千绿工业投资有限公司、自然人胡海明、中国科学院湖北微系统与信息技术研究所、上海明浩企业发展有限公司和上海千禧投资有限公司合伙共同出资成立的小型企业，公司产品主要瞄准新能源汽车用的动力电池，现阶段以镍氢动力电池为主，除汽车应用之外，在其他领域也有应用。公司注册地址选在上海市奉贤区华明高科技园区内，租借园区内标准厂房一幢。千绿公司注册资本为人民币 2 000 万元，截至 2018 年 11 月末已经到位 1 445 万元，并由上海天华会计师事务所出具验资报告验证资本金到位情况。

（二）公司产品

千绿公司 2018 年度的主要产品是高功率型镍氢动力电池、高容量型镍氢电池、高/低温型镍氢电池、高容量型锂电池、高功率型锂电池、低温型锂电池等，主要应用在混合动力电动汽车、电动自行车、电动工具、航模、灯具、仪器、仪表、矿业、勘测等领域，以及军工和有高温、低温要求的特殊场合。

（三）市场地位

在上海市经济和信息化委员会新能源汽车推进办、上海市科学技术委员会和上海市奉贤区区政府、区国有资产监督管理委员会密切关注和精心培育下，几年来，千绿公司已经逐步建立了产业化的生产体系与质量保证体系，在国内相关行业的影响力不断提高。千绿公司不仅与中国科学院建立了联合实验室，同时也是上海国际汽车城博士后实践基地之一。公司于 2015 年被评为上海市高新技术企业和创新型企业，获得奉贤区"最佳成长奖""科技进步二等奖"等荣誉。公司还是国家新能源汽车电池标准的参与制定单位。目前已经拥有20 多项授权专利，其中 6 项为发明专利；公司承担了包括"863 计划""创新基金""火炬计划""市科委技术攻关"等多项国家及地方的科研项目，目前所有科研项目均已顺利通过验收。

二、企业组织机构

千绿公司治理层和管理层均具备较强的创新意识、较高的市场开拓能力和经营管理水平，经过几年优秀团队的精心运营已将千绿公司打造成国家重点支持的具有高成长性和较好潜在经济效益的企业。

千绿公司组织机构，如图 2-1 所示。

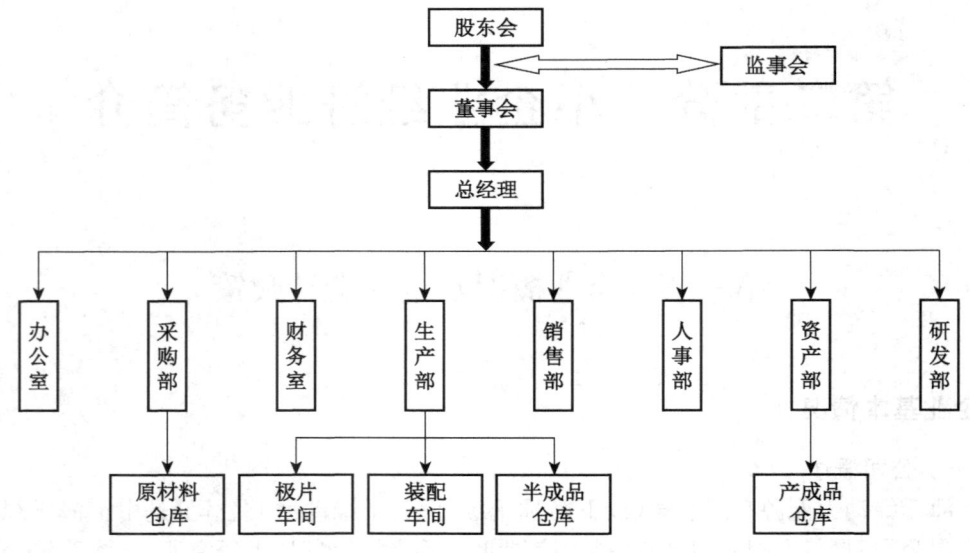

图 2-1　千绿公司组织机构简图

（一）董事会

千绿公司股东会为公司最高权力机构,董事会负责召开股东会并向股东会报告工作、执行股东会的决议、决定公司的业务方案及投资计划等,董事长为公司法定代表人博宏明。总经理贺华由董事会聘任,对董事会负责,在董事会的授权下,执行董事会的战略决策,实现董事会制定的经营目标。另外,经过总经理提名,董事会聘任副总经理 2 名,分别为张云龙和薛凯,其中薛凯兼任公司财务总监之职。

（二）职能部门

总经理下设七部一室共八个职能部门,分别为 1 办公室(主管:林涛)、2 采购部(主管:周志平)、3 财务部(主管:薛凯)、4 生产部(主管:贾玮)、5 销售部(主管:陈婷)、6 人事部(主管:杨颖)、7 资产部(主管:项福成)和 8 研发部(主管:谭耀礼),并另设原材料仓库(负责人:王江,保管员:郑翔)和产成品仓库(负责人:吴芷荟,保管员:方芸)。

（三）车间和仓库

千绿公司有两个车间和三个仓库,两个车间为极片车间和装配车间,均由生产部负责管理;三个仓库分别为原材料库、半成品库和产成品库,分别由采购部、生产部和资产部三个部门管理。

（四）人员配置

公司现有员工 78 人,其中领导班子 4 人,办公室 5 人,财务部 5 人,采购部 6 人,销售部 6 人,资产部 3 人,人事部 3 人,研发部 3 人,仓库人员 3 人和车间人员 40 人。两个车间共 40 人,其中极片车间主任 1 人、生产工人 21 人;装配车间主任 1 人、生产工人 17 人。

三、企业财务部门情况

（一）人员岗位

千绿公司财务部共 5 人,分别担任财务总监、财务经理、财务主管、会计和出纳之职。他们分别为:

（1）财务总监——由副总经理薛凯兼任,全面负责财务部的工作,负责 3 万元以上费用报销和资金财务审核。

（2）财务经理——张健,负责审核及财务报表的编制工作,负责 3 万元以下费用报销和资金财务审核。

（3）财务主管——王敏,负责材料采购、入库、领用等记账凭证的填制以及相关明细账的登记,负责各种成本、费用的归集、分配及成本计算等记账凭证的填制及相关凭证的登记。

（4）会计——李诚信,负责其他业务记账凭证的填制以及相关明细账的登记,编制科目汇总表并登记总账。

（5）出纳——赵彦晞,负责货币资金的收付、有关凭证的填制以及现金日记账和银行存款日记账的登记。

（二）会计核算

公司现用金蝶财务软件(标准版)进行会计电算化核算,执行自 2013 年 1 月 1 日起施行的《 小企业会计准则》。公司采用科目汇总表核算形式,按旬汇总。其中:

（1）凭证设置。公司采用通用记账凭证和科目汇总表等方式进行记录核算。凭证编号按照模拟实景中提供的业务顺序编号,一笔经济业务如果需要编制多张记账凭证的,采用分数编号法(为了更好地培养学生能力,建议实训中采用专用记账凭证,由指导教师指定凭证号码排列方式,有意与本教材的参考答案有所不同)。

（2）账簿设置。公司开设总账、现金日记账、银行存款日记账和明细账。其中,日记账采用专用格式的三栏式账页;原材料、库存商品、周转材料等存货明细账采用三栏式账页;固定资产及累计折旧明细账采用专用格式的固定资产账页;应交增值税、基本生产成本、辅助生产成本等明细账采用专用格式的多栏式账页;收入、费用类以及制造费用明细账采用多栏式账页,其中管理费用明细账采用 25 栏账、制造费用采用 17 栏、其他费用采用 13 栏;其他明细账及总账采用三栏式账页。

四、企业生产流程

（一）流程简介

千绿公司的极片车间向原材料仓库领用各项原材料后负责生产出各类半成品后入半成品库;而装配车间领用上述半成品和部分原材料后继续负责装配生产出产成品,入产成品库。简单流程,如图 2-1 所示。

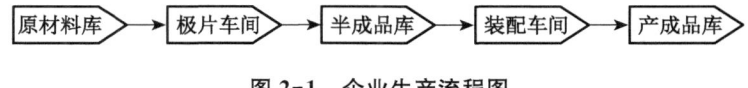

图 2-1　企业生产流程图

（二）主要半成品

千绿公司目前主要生产 6 个半成品,明细如表 2-1 所示。

表 2-1

半成品明细表

半成品序号	半成品名称	半成品规格
1	AA 正极片	规格 68800mAh
2	AA 负极片	规格 68800mAh

半成品序号	半成品名称	半成品规格
3	AA 电池（平帽）	规格 1600mAh
4	车用镍氢电池	规格 68800mAh
5	D 型矿灯正极片	规格 8000mAh
6	D 型矿灯负极片	规格 8000mAh
7	D 型矿灯电池	规格 8000mAh

（三）主要产成品

千绿公司目前主要生产 2 个产成品，明细如表 2-2 所示。

表 2-2

产成品明细表

产成品序号	产成品名称	产成品规格
1	车用镍氢电池	68800mAh
2	D 型矿灯电池	规格 8000mAh

五、成本核算方法

公司成本核算采用逐步结转分步法，产品生产分为极片车间和装配车间两步骤。

第一步骤　极片车间

本车间根据配方领用各类原材料，如半成品镍氢电池（规格 68800mAh）需领用以下六种原材料，领料明细表，如表 2-3 所示。

表 2-3

极片车间领料明细表

领料序号	领料仓库	领料名称	领料规格
1	原材料库	氧化钴	—
2	原材料库	氢氧化镍	—
3	原材料库	贮氢合金粉	—
4	原材料库	合金粉	规格 1#
5	原材料库	AA 钢壳	规格 13.5×49
6	原材料库	添加剂	规格 2#

极片车间领用的原材料均在使用时一次投入，极片车间生产工人的薪酬和制造费用按本步骤实际生产工时分配。月末，由专门人员对本车间的在产品进行盘点，并按约当产量法在本步骤的完工半成品和未完工在产品之间分配生产费用。每月月末，完工半成品均移送入半成品库。

第二步骤　装配车间

装配车间领用半成品库内的半成品和原材料后继续加工生产车用镍氢电池

(68800mAh)和 D 型矿灯电池(规格 8000mAh)。

例如,产成品车用镍氢电池(规格 68800mAh)除了需向半成品库领用以下 4 项半成品外,还需领用 3 项原材料。领料明细表,如表 2-4 所示。

表 2-4

装配车间领料明细表

领料序号	领料仓库	领料名称	领料规格
1	半成品库	AA 正极片	规格 68800mAh
2	半成品库	AA 负极片	规格 68800mAh
3	半成品库	AA 电池(平帽)	规格 1600mAh
4	半成品库	车用镍氢电池	规格 68800mAh
5	原材料库	AA 密封圈	规格 13.7×12.7
6	原材料库	焊杯	—
7	原材料库	包装材料	—

装配车间的领用原材料和半成品均在使用时一次投入,生产工人的薪酬和制造费用按本步骤实际生产工时分配。月末,由专人对本车间的未完工产成品进行盘点,并按约当产量法在完工产成品和未完工产成品之间分配生产费用。每月月末,完工产成品均移送入产成品仓库。

六、企业相关信息

企业名称:上海千绿动力能源有限公司
地址:上海市奉贤区奉城镇灯民路 676 号
电话:021-62910392
法定代表人:博宏明
注册资本:人民币 2 000 万元
企业类型:有限责任公司
经营范围:混合动力能源电池、各类二次电池、电池组管理系统、电池极片、充电器及相关材料生产、销售和技术服务,从事货物进出口及技术进出口业务(依法须经批准的项目,经相关部门批准后方可开展经营活动)。
工商注册号:310000400339867
税务登记号:310226560177589
单位公积金账号:882533875028
基本存款账户:中国民生银行奉贤支行　账号:0109014170014181
一般结算账户:中国工商银行奉贤支行　账号:10017804193300558697

七、执行会计政策

1. 编制基础。千绿公司财务报表系在持续经营原则基础上编制而成。
2. 编制依据。千绿公司财务报表以《小企业会计准则》为编制依据。

3. 原则和计价基础。千绿公司采用权责发生制为记账原则,以历史成本为计价基础。

4. 会计年度。千绿公司会计年度自公历 1 月 1 日起至 12 月 31 日。

5. 记账本位币。千绿公司采用人民币为记账本位币。

6. 短期投资。短期投资是指公司购入的能随时变现并且持有时间不准备超过 1 年(含 1 年)的投资。短期投资应按照以下规定进行会计处理:

(1) 以支付现金取得的短期投资,应当按照购买价款和相关税费作为成本进行计量。实际支付价款中包含的已宣告但尚未发放的现金股利或已到付息期但尚未领取的债券利息,应当单独确认为应收股利或应收利息,不计入短期投资的成本。

(2) 在短期投资持有期间,被投资单位宣告分派的现金股利或在债务人应付利息日按照分期付息、一次还本债券投资的票面利率计算的利息收入,应当计入投资收益。

(3) 出售短期投资,出售价款扣除其账面余额、相关税费后的净额,应当计入投资收益。

7. 应收及预付款项。应收及预付款项是指公司在日常生产经营活动中发生的各项债权,包括应收票据、应收账款、应收股利、应收利息、其他应收款等应收款项和预付账款。

应收及预付款项按照发生额入账。

8. 坏账损失。公司的应收及预付款项符合下列条件之一的,减除可收回的金额后确认的无法收回的应收及预付款项,作为坏账损失:

(1) 债务人依法宣告破产、关闭、解散、被撤销,或者被依法注销、吊销营业执照,其清算财产不足清偿的。

(2) 债务人死亡,或者依法被宣告失踪、死亡,其财产或者遗产不足清偿的。

(3) 债务人逾期 3 年以上未清偿,且有确凿证据证明已无力清偿债务的。

(4) 与债务人达成债务重组协议或法院批准破产重整计划后,无法追偿的。

(5) 因自然灾害、战争等不可抗力导致无法收回的。

(6) 国务院财政、税务主管部门规定的其他条件。

应收及预付款项的坏账损失于实际发生时计入营业外支出,同时冲减应收及预付款项。

9. 存货。存货是指公司在日常生产经营过程中持有以备出售的产成品或商品、处在生产过程中的在产品、将在生产过程或提供劳务过程中耗用的材料和物料等。存货包括原材料、在产品、半成品、产成品和周转材料等。

公司取得的存货,应当按照成本进行计量。

(1) 外购存货的成本包括:购买价款、相关税费、运输费、装卸费、保险费,以及在外购存货过程中发生的其他直接费用,但不含按照税法规定可以抵扣的增值税进项税额。

(2) 通过进一步加工取得存货的成本包括:直接材料、直接人工以及按照一定方法分配的制造费用。

(3) 投资者投入存货的成本,应当按照评估价值确定。

(4) 提供劳务的成本包括:与劳务提供直接相关的人工费、材料费和应分摊的间接费用。

(5) 盘盈存货的成本,按照同类或类似存货的市场价格或评估价值确定。

公司采用加权平均法确定发出存货的实际成本。对于周转材料,采用一次转销法进行会计处理,在领用时按其成本计入生产成本或当期损益。对于已售存货,应当将其成本结转为营业成本。

存货发生毁损,处置收入、可收回的责任人赔偿和保险赔款,扣除其成本、相关税费后的净额,计入营业外支出或营业外收入。盘盈存货实现的收益应当计入营业外收入。盘亏存货发生的损失应当计入营业外支出。

10．长期债券投资。长期债券投资是指公司准备长期(在 1 年以上)持有的债券投资。长期债券投资按照购买价款和相关税费作为成本进行计量。实际支付价款中包含的已到付息期但尚未领取的债券利息,应当单独确认为应收利息。长期债券投资在持有期间发生的应收利息确认为投资收益。

长期债券投资到期,收回长期债券投资,应当冲减其账面余额。处置长期债券投资,处置价款扣除其账面余额、相关税费后的净额,计入投资收益。长期债券投资损失于实际发生时计入营业外支出,同时冲减长期债券投资账面余额。

11．长期股权投资。长期股权投资是指公司准备长期持有的权益性投资。长期股权投资按照成本进行计量,具体情形如下:

(1)以支付现金取得的长期股权投资,应当按照购买价款和相关税费作为成本进行计量。实际支付价款中包含的已宣告但尚未发放的现金股利,应当单独确认为应收股利。

(2)通过非货币性资产交换取得的长期股权投资,应当按照换出非货币性资产的评估价值和相关税费作为成本进行计量。

长期股权投资应当采用成本法进行会计处理。长期股权投资持有期间,被投资单位宣告分派的现金股利或利润,应当按照应分得的金额确认为投资收益。

处置长期股权投资时,处置价款扣除其成本、相关税费后的净额,计入投资收益。公司的长期股权投资符合下列条件之一的,减除可收回的金额后确认的无法收回的长期股权投资,作为长期股权投资损失:

(1)被投资单位依法宣告破产、关闭、解散、被撤销,或者被依法注销、吊销营业执照的。

(2)被投资单位财务状况严重恶化,累计发生巨额亏损,已连续停止经营 3 年以上,且无重新恢复经营改组计划的。

(3)对被投资单位不具有控制权,投资期限届满或者投资期限已超过 10 年,且被投资单位因连续 3 年经营亏损导致资不抵债的。

(4)被投资单位财务状况严重恶化,累计发生巨额亏损,已完成清算或清算期超过 3 年以上的。

(5)国务院财政、税务主管部门规定的其他条件。

长期股权投资损失应当于实际发生时计入营业外支出,同时冲减长期股权投资账面余额。

12．固定资产和折旧。固定资产是指公司为生产产品、提供劳务、出租或经营管理而持有的,使用寿命超过 1 年的有形资产,包括房屋、建筑物、机器、机械、运输工具、设备、器具、工具等。固定资产按照实际成本进行计量,具体情形如下:

(1)外购固定资产的成本包括:购买价款、相关税费、运输费、装卸费、保险费、安装费等,但不含按照税法规定可以抵扣的增值税进项税额。

(2)自行建造固定资产的成本,由建造该项资产在竣工决算前发生的支出(含相关的借款费用)构成。公司在建工程在试运转过程中形成的产品、副产品或试车收入冲减在建工程成本。

(3) 投资者投入固定资产的成本,应当按照评估价值和相关税费确定。

(4) 融资租入的固定资产的成本,应当按照租赁合同约定的付款总额和在签订租赁合同过程中发生的相关税费等确定。

(5) 盘盈固定资产的成本,应当按照同类或者类似固定资产的市场价格或评估价值,扣除按照该项固定资产新旧程度估计的折旧后的余额确定。

固定资产从其投入使用的次月起,采用直线法提取折旧。估计净残值率为原值的 5%(其中,机器 C、机器 E 预计净残值率为 3%,空调设备预计净残值率为 10%,仪器设备预计净残值率为 15%,运输设备预计净残值率 5%)。固定资产的折旧年限如下:

房屋建筑物	50 年
机器设备	10 年
其中,机器 E	5 年
运输设备	5 年
办公电子设备	5 年
空调设备	5 年
仪器设备	5 年

固定资产的日常修理费,应当在发生时根据固定资产的受益对象计入相关资产成本或者当期损益。固定资产的改建支出,计入固定资产的成本,但已提足折旧的固定资产和经营租入的固定资产发生的改建支出应当计入长期待摊费用。

处置固定资产,处置收入扣除其账面价值、相关税费和清理费用后的净额,应当计入营业外收入或营业外支出。盘亏固定资产发生的损失应当计入营业外支出。

13. 无形资产及摊销。无形资产是指企业为生产产品、提供劳务、出租或经营管理而持有的、没有实物形态的可辨认的、非货币性资产。

(1) 无形资产应当按照成本进行计量,具体情形如下:①外购无形资产的成本包括:购买价款、相关税费和相关的其他支出(含相关的借款费用);②投资者投入的无形资产的成本,按照评估价值和相关税费确定;③自行开发的无形资产的成本,由符合资本化条件后至达到预定用途前发生的支出(含相关的借款费用)构成。

(2) 自行开发的无形资产发生的支出,同时满足下列条件时,才能确认为无形资产:①完成该无形资产以使其能够使用或出售在技术上具有可行性;②具有完成该无形资产并使用或出售的意图;③能够证明运用该无形资产生产的产品存在市场或无形资产自身存在市场,无形资产将在内部使用的,应当证明其有用性;④有足够的技术、财务资源和其他资源支持,以完成该无形资产的开发,并有能力使用或出售该无形资产;⑤归属于该无形资产开发阶段的支出能够可靠地计量。

无形资产在其使用寿命内采用年限平均法进行摊销,根据其受益对象计入相关资产成本或者当期损益。无形资产的摊销期自其可供使用时开始至停止使用或出售前一期止。有关法律规定或合同约定了使用年限的,可以按照规定或约定的使用年限分期摊销。不能可靠估计无形资产使用寿命的,摊销期不得低于 10 年。

处置无形资产,按处置收入扣除其账面价值、相关税费等后的净额,应当计入营业外收入或营业外支出。

14. 长期待摊费用及摊销。长期待摊费用包括已提足折旧的固定资产的改建支出、经营租入固定资产的改建支出、固定资产的大修理支出和其他长期待摊费用等。

（1）固定资产的大修理支出，是指同时符合下列条件的支出：①修理支出达到取得固定资产时的计税基础 50％ 以上；②修理后固定资产的使用寿命延长 2 年以上。

（2）长期待摊费用应当在其摊销期限内采用年限平均法进行摊销，根据其受益对象计入相关资产的成本或者管理费用，并冲减长期待摊费用。①已提足折旧固定资产的改建支出，按照固定资产预计尚可使用年限分期摊销；②经营租入固定资产的改建支出，按照合同约定的剩余租赁期限分期摊销；③固定资产的大修理支出，按照固定资产尚可使用年限分期摊销；④其他长期待摊费用，自支出发生月份的下月起分期摊销，摊销期不得低于 3 年。

15. 应付职工薪酬。应付职工薪酬是指公司为获得职工提供的服务而应付给职工各种形式的报酬以及其他相关支出，具体包括以下内容：

（1）职工工资、奖金、津贴和补贴。

（2）职工福利费。

（3）医疗保险费、养老保险费、失业保险费、工伤保险费和生育保险费等社会保险费。

（4）住房公积金。

（5）工会经费和职工教育经费。

（6）非货币性福利。

（7）因解除与职工的劳动关系给予的补偿。

（8）其他与获得职工提供的服务相关的支出等。

公司在职工为其提供服务的会计期间，将应付的职工薪酬确认为负债，并根据职工提供服务的受益对象，分别下列情况进行会计处理：

（1）应由生产产品、提供劳务负担的职工薪酬，计入产品成本或劳务成本。

（2）应由在建工程、无形资产开发项目负担的职工薪酬，计入固定资产成本或无形资产成本。

（3）其他职工薪酬（含因解除与职工的劳动关系给予的补偿），计入当期损益。

16. 资本公积。资本公积是指公司收到投资者的出资额超过其在注册资本中所占份额的部分。公司用资本公积转增资本，应当冲减资本公积。企业的资本公积不可以用于弥补亏损。

17. 收入。收入是指公司在日常生产经营活动中形成的、会导致所有者权益增加的、与所有者投入资本无关的经济利益的总流入，包括销售产品收入和提供劳务收入。

公司在发出产品且收到货款或取得收款权利时，确认销售产品收入。

销售产品涉及现金折扣的，应当按照扣除现金折扣前的金额确定销售产品收入金额。现金折扣应当在实际发生时，计入当期损益。

销售产品涉及商业折扣的，应当按照扣除商业折扣后的金额确定销售产品收入金额。

公司已经确认销售产品收入的售出产品发生的销售退回（不论属于本年度还是属于以前年度的销售），应当在发生时冲减当期销售产品收入。

公司已经确认销售产品收入的售出产品发生的销售折让，应当在发生时冲减当期销售产品收入。

公司提供劳务的收入，如为同一会计年度内开始并完成的劳务，应当在提供劳务交易完成且收到款项或取得收款权利时,确认提供劳务收入;如劳务的开始和完成分属不同会计年度的,应当按照完工进度确认提供劳务收入。年度资产负债表日,按照提供劳务收入总额乘以完工进度扣除以前会计年度累计已确认提供劳务收入后的金额,确认本年度的提供劳务收入;同时,按照估计的提供劳务成本总额乘以完工进度扣除以前会计年度累计已确认营业成本后的金额,结转本年度营业成本。

18. 税金及附加。税金及附加是指公司开展日常生产经营活动应负担的消费税、城市维护建设税、资源税、土地增值税、城镇土地使用税、房产税、车船税、印花税和教育费附加、矿产资源补偿费、排污费等。

19. 营业外收入。营业外收入包括非流动资产处置净收益、政府补助、捐赠收益、盘盈收益、汇兑收益、出租包装物和商品的租金收入、逾期未退包装物押金收益、确实无法偿付的应付款项、已作坏账损失处理后又收回的应收款项、违约金收益等。公司的营业外收入应当在实现时按照其实现金额计入当期损益。

20. 营业外支出。营业外支出包括存货的盘亏、毁损、报废损失,非流动资产处置净损失,坏账损失,无法收回的长期债券投资损失,无法收回的长期股权投资损失,自然灾害等不可抗力因素造成的损失,税收滞纳金,罚金,罚款,被没收财物的损失,捐赠支出,赞助支出等。公司的营业外支出应当在发生时按照其发生额计入当期损益。

21. 所得税费用。公司应当按照企业所得税法规定计算的当期应纳税额,确认所得税费用。公司应当在会计利润总额的基础上,按照企业所得税法规定进行纳税调整,计算出当期应纳税所得额,按照应纳税所得额与适用所得税税率为基础计算确定当期应纳税额。

八、企业主要税费

1. 增值税。执行《中华人民共和国增值税暂行条例》(2017年11月19日国务院第二次修订)和《国务院常务会议确定深化增值税改革措施》(2018年3月28日国务院常务会议决定)。按照产品、原材料等销售收入的16%计缴,按月申报;转让无形资产(除土地使用权)按照6%缴纳增值税。

2. 城市维护建设税。按实际缴纳的增值税和消费税税额的7%计缴,按月申报。

3. 教育费附加。按实际缴纳的增值税和消费税税额的3%计缴,按月申报。

4. 地方教育费附加。按实际缴纳的增值税和消费税税额的2%计缴,按月申报。

5. 河道管理费。按实际缴纳的增值税和消费税税额的1%计缴,按月申报。

6. 企业所得税。高新技术企业——适用税率为15%,根据实际利润额按季预缴,年终汇算清缴。

第二节 建 账 资 料

一、2018年11月财务报表

上海千绿动力能源有限公司的资产负债表与利润表,分别如表2-5和表2-6所示。

表 2-5

资 产 负 债 表

会小企 01 表

编制单位:上海千绿动力能源有限公司　　2018 年 11 月 30 日　　　　　　　　　　单位:元

资　产	行次	期末余额	负债和所有者权益	行次	期末余额
流动资产:			**流动负债:**		
货币资金	1	1 833 841.12	短期借款	31	500 000.00
短期投资	2		应付票据	32	
应收票据	3		应付账款	33	1 195 703.19
应收账款	4	2 226 443.46	预收账款	34	35 570.08
预付账款	5		应付职工薪酬	35	17 944.74
应收股利	6		应交税费	36	72 125.72
应收利息	7		应付利息	37	
其他应收款	8	166 839.08	应付利润	38	
存货	9	3 486 964.66	其他应付款	39	732 483.20
其中:原材料	10		其他流动负债	40	
在产品	11		流动负债合计	41	2 553 826.93
库存商品	12		**非流动负债:**		
周转材料	13		长期借款	42	
其他流动资产	14		长期应付款	43	
流动资产合计	15	7 714 088.32	递延收益	44	500 000.00
非流动资产:			其他非流动负债	45	
长期债券投资	16		非流动负债合计	46	—
长期股权投资	17	50 000.00	负债合计	47	3 053 826.93
固定资产原价	18	6 224 363.42			
减:累计折旧	19	922 807.91			
固定资产账面价值	20	5 301 555.51			
在建工程	21	620 500.00			
工程物资	22				
固定资产清理	23				
生产性生物资产	24		**所有者权益(或股东权益):**		
无形资产	25	1 967 500.60	实收资本(或股本)	48	14 450 000.00
开发支出	26		资本公积	49	
长期待摊费用	27	2 888 725.93	盈余公积	50	36 728.10
其他非流动资产	28		未分配利润	51	1 001 815.33
非流动资产合计	29	10 828 282.04	所有者权益(或股东权益)合计	52	15 488 543.43
资产总计	30	18 542 370.36	负债和所有者权益(或股东权益)总计	53	18 542 370.36

表 2-6

利 润 表

编制单位:上海千绿动力能源有限公司　　　2018 年11 月　　　　　　　会小企02 表

单位:元

项　目	行次	本年累计金额
一、营业收入	1	10 331 394.20
减:营业成本	2	5 676 402.22
税金及附加	3	68 372.30
其中:消费税	4	
城市维护建设税	6	
资源税	7	
土地增值税	8	
城镇土地使用税、房产税、车船税、印花税	9	2 500.00
教育费附加、矿产资源补偿费、排污费	10	
销售费用	11	18 232.00
其中:商品维修费	12	
广告费和业务宣传费	13	
管理费用	14	3 778 495.70
其中:开办费	15	
业务招待费	16	
研究费用	17	
财务费用	18	−1 827.39
其中:利息费用(收入以"－"号填列)	19	
加:投资收益(损失以"－"号填列)	20	
二、营业利润(亏损以"－"号填列)	21	791 719.37
加:营业外收入	22	250.00
其中:政府补助	23	
减:营业外支出	24	2 000.00
其中:坏账损失	25	
无法收回的长期债券投资损失	26	
无法收回的长期股权投资损失	27	
自然灾害等不可抗力因素造成的损失	28	
税收滞纳金	29	
三、利润总额(亏损总额以"－"号填列)	30	789 969.37
减:所得税费用	31	118 706.98
四、净利润(净亏损以"－"号填列)	32	671 262.39

二、千绿公司截至 2018 年 11 月末账户明细余额

1. 资产负债类各科目明细余额如表 2-7 所示（截至 2018 年 11 月 30 日）。

表 2-7

资产负债类各科目明细余额表

单位：人民币元

科 目 名 称	11 月末借方	11 月末贷方
库存现金	37 532.83	
银行存款	**1 796 308.29**	
中国工商银行奉贤支行	7 854.60	
中国民生银行奉贤支行	1 788 453.69	
短期投资		
股票		
债券		
应收票据		
陕西神华煤矿有限公司		
应收股利		
上海皑铭科技有限公司		
股票		
应收利息		
国债		
应收账款	**2 226 443.46**	
上海罗高输送装备有限公司	201 810.00	
上海宝罗信息技术有限公司	240 000.00	
徐州奇锐科技有限公司	564 800.04	
上海高益电动工具有限公司	607 900.00	
扬州润弘机电有限公司	126 000.00	
宁波顺超电器有限公司	274 240.00	
沈阳晨华金杯汽车有限公司	211 693.42	
其他应收款	**166 839.08**	
上海市奉贤区光明制氧厂（钢瓶押金）	1 400.00	
陈国富（备用金）	6 000.00	
上海奉贤高科技园区建设有限公司（租房押金）	114 214.50	
赵彦晞（往来款）		

（续表）

科 目 名 称	11月末借方	11月末贷方
上海林能科技有限公司(往来款)	35 400.00	
待摊费用	9 824.58	
林涛(备用金)		
原材料	**634 703.81**	
添加剂(规格 2#)	10 535.55	
AA 盖帽——点焊组合帽	84 000.00	
AA 密封圈(规格 13.7×12.7)	12 800.00	
D 型正极集流片	28 120.00	
D 型负极集流片	31 080.00	
AA 钢壳(规格 13.5×49)	98 280.00	
1/2D 型钢壳(规格 32.2×31.2×35.5)	7 231.20	
氢氧化镍	76 219.50	
合金粉(规格 1#)	72 397.50	
氧化钴	17 430.08	
贮氢合金粉	95 906.20	
冲孔钢带(规格 190×0.06 mm)	24 147.74	
焊杯	30 866.04	
包装材料	42 450.00	
D 型密封圈(规格 Φ29.2×31.2×5.1)	3 240.00	
生产成本	**686 574.21**	
基本生产成本	686 574.21	
极片车间	490 938.37	
装配车间	195 635.84	
自制半成品	**545 640.26**	
AA 正极片(规格 68800mAh)	17 149.53	
AA 负极片(规格 68800mAh)	13 513.50	
AA 电池(平帽)(规格 1600mAh)	13 902.93	
镍氢电池(规格 68800mAh)	473 012.30	
D 型矿灯正极片(规格 8000mAh)	5 670.62	
D 型矿灯负极片(规格 8000mAh)	6 125.28	
D 型矿灯电池(规格 8000mAh)	16 266.10	

（续表）

科 目 名 称	11 月末借方	11 月末贷方
库存商品	**1 620 046.38**	
车用镍氢电池（规格 68800mAh）	1 340 509.83	
D 型矿灯电池（规格 8000mAh）	279 536.55	
长期股权投资	**50 000.00**	
上海皑铭科技有限公司	50 000.00	
上海能盈科技有限公司		
固定资产	**6 224 363.42**	
办公电子设备	114 828.30	
机器设备	5 790 332.20	
运输设备	319 202.92	
累计折旧		**922 807.91**
办公电子设备		36 491.64
机器设备		777 096.45
运输设备		109 219.82
待处理财产损溢		
待处理固定资产损溢		
待处理流动资产损溢		
在建工程	**620 500.00**	
镍氢电池化成系统工作台	320 500.00	
研发中心装修改造工程	300 000.00	
固定资产清理		
无形资产	**2 650 000.00**	
动力镍氢电池用纳米材料测试技术	1 450 000.00	
HEV 氢镍蓄电池包生产技术	1 200 000.00	
金蝶软件——存货模块		
累计摊销		**682 499.40**
动力镍氢电池用纳米材料测试技术		166 666.70
HEV 氢镍蓄电池包生产技术		515 832.70
金蝶软件——存货版块		
长期待摊费用	**2 888 725.93**	
厂房装修费	2 888 725.93	

（续表）

科 目 名 称	11 月末借方	11 月末贷方
研发中心装修改造工程		
短期借款		**500 000.00**
中国工商银行奉贤支行		500 000.00
中国民生银行奉贤支行		
应付票据		
安徽亚兰德新能源材料有限公司		
应付账款		**1 195 703.19**
泰兴市振兴电子有限公司		438 311.75
上海峰莉包装材料有限公司		208 121.00
长沙力元新材料股份有限公司		199 535.47
无锡万达金属粉末有限公司		156 800.00
安徽亚兰德新能源材料有限公司		82 813.00
深圳中金高能电池材料有限公司		62 359.50
厦门钨业股份有限公司		47 762.47
镇江赛福特机械设备有限公司		
江苏韵达物流有限公司		
上海陆鸣建筑装潢有限公司		
应付职工薪酬		**17 944.74**
员工工资		
奖金、津贴和补贴		
职工福利费		
社保费		
公积金		
工会经费		11 536.54
职工教育经费		6 408.20
预收账款		**35 570.08**
华瑞抚顺煤矿安全仪器有限公司		35 570.08
上海通用汽车销售有限公司		
应交税费		**72 125.72**
应交增值税		
进项税额	1 270 572.44	

（续表）

科目名称	11月末借方	11月末贷方
已交税金	450 781.00	
转出未交增值税	55 928.95	
销项税额		1 756 337.01
进项税额转出		20 945.38
未交增值税		55 928.95
应交企业所得税		
应交城市维护建设税		3 915.03
应交个人所得税		8 926.00
应交教育费附加		1 677.87
应交地方教育费附加		1 118.58
应交河道管理费		559.29
其他应付款		**732 483.20**
上海市社会保险事业管理中心(社会保险费)		167 820.80
上海市奉贤区公积金管理中心(住房公积金)		51 637.17
上海韬弘建设发展有限公司(往来款)		37 851.00
哈尔滨智明科技有限公司(工程设备款)		98 700.00
扬州力众电源设备制造有限公司		20 200.00
上海千绿工业投资有限公司(往来款)		310 000.00
上海奉贤高科技园区建设有限公司(房租)		40 000.00
上海新华物业管理有限公司(物业费)		6 274.23
应付利息		
递延收益		**500 000.00**
HEV 氢镍电池包生产技术研发		300 000.00
镍氢电池操作台		200 000.00
实收资本		**14 450 000.00**
上海千绿工业投资有限公司		9 000 000.00
胡海明		1 100 000.00
中国科学院湖北微系统与信息技术研究所		2 500 000.00
上海明浩企业发展有限公司		1 850 000.00
上海千禧投资有限合伙		
资本公积		

（续表）

科 目 名 称	11月末借方	11月末贷方
资本溢价		
盈余公积		**36 728.10**
法定盈余公积		36 728.10
本年利润		**671 262.39**
利润分配		**330 552.94**
提取法定盈余公积		
应付利润		
未分配利润		330 552.94

2. 损益类各科目明细如表 2-8 所示（2018 年 1~11 月累计发生额）。

表 2-8

损益类各科目明细表

单位：人民币元

科 目 名 称	2018 年 1~11 月累计发生额
主营业务收入	**10 331 394.20**
主营业务成本	**5 676 402.22**
税金及附加	**68 372.30**
销售费用	**18 232.00**
其中：运输费	18 232.00
管理费用	**3 778 495.70**
其中：工资	1 385 284.59
社保金	484 849.61
公积金	96 969.92
福利费	21 151.04
低值易耗品摊销	20 197.78
办公费	78 784.49
差旅费	93 792.19
通信费	22 950.80
业务招待费	14 294.80
试检费	43 741.00
租赁物业费	462 742.28

（续表）

科　目　名　称	2018 年 1～11 月累计发生额
研究开发费	580 556.40
水电费	20 841.23
折旧费	11 329.43
车辆费用	58 472.15
装修费摊销	286 037.50
劳防用品	21 938.00
修理费	3 481.20
其他	71 081.29
财务费用	**－1 827.39**
其中:金融机构手续费	1 188.84
利息收入	－4 474.00
利息支出	1 457.77
现金折扣	
投资收益	
营业外收入	**250.00**
其中:盘盈收益	
非流动资产处置净收益	
政府补助	250.00
确实无法偿付的应付款项	
违约金收益	
营业外支出	**2 000.00**
其中:捐赠支出	
非流动资产处置净损失	2 000.00
坏账损失	
存货盘亏	
存货损毁	
税收滞纳金	
罚款	
所得税费用	**118 706.98**

3. 成本类科目明细如表 2-9 所示(2018 年 1~11 月累计发生额)。

表 2-9

成本类科目明细表

单位:人民币元

科 目 名 称	2018 年 1~11 月累计发生额
制造费用合计＝(一)＋(二)	916 389.31
(一)极片车间小计	**532 079.92**
其中:水电费	16 805.22
修理费	12 594.60
工资	86 768.00
奖金、津贴和补贴	18 040.00
福利费	8 560.00
社保费	38 778.96
公积金	7 336.56
折旧费	320 138.18
机物料消耗	23 058.40
制造费用结转	－532 079.92
(二)装配车间小计	**384 309.39**
其中:水电费	13 540.36
修理费	9 542.50
工资	62 832.00
奖金、津贴和补贴	10 164.00
福利费	8 542.00
社保费	27 008.52
公积金	7 336.56
折旧费	225 689.15
机物料消耗	19 654.30
制造费用结转	－384 309.39

三、千绿公司 2018 年 11 月末存货明细余额

1. 原材料仓库明细清单如表 2-10 所示(截至 2018 年 11 月 30 日)。

表2-10

原材料仓库明细清单

单位:人民币元

序号	品名	规格	单位	单价	数量	金额	供货单位
1	添加剂	2#	千克	702.37	15.00	10 535.55	长沙力元新材料股份有限公司
2	AA盖帽	点焊组合帽	支	5.60	15 000.00	84 000.00	泰兴市振兴电子有限公司
3	AA密封圈	13.7×12.7	个	0.80	16 000.00	12 800.00	泰兴市振兴电子有限公司
4	D型正极集流片		片	7.40	3 800.00	28 120.00	厦门钨业股份有限公司
5	D型负极集流片		片	7.40	4 200.00	31 080.00	厦门钨业股份有限公司
6	AA钢壳	13.5×49	个	4.68	21 000.00	98 280.00	泰兴市振兴电子有限公司
7	1/2D型钢壳	32.2×31.2×35.5	个	2.76	2 620.00	7 231.20	泰兴市振兴电子有限公司
8	氢氧化镍		千克	298.90	255.00	76 219.50	无锡万达金属粉末有限公司
9	合金粉	1#	千克	206.85	350.00	72 397.50	无锡万达金属粉末有限公司
10	氧化钴		千克	544.69	32.00	17 430.08	无锡万达金属粉末有限公司
11	贮氢合金粉		千克	368.87	260.00	95 906.20	无锡万达金属粉末有限公司
12	冲孔镍带	190×0.06 mm	千克	94.18	256.40	24 147.74	深圳中金高能电池材料有限公司
13	焊杯		个	4.98	6 198.00	30 866.04	安徽亚兰德新能源材料有限公司
14	包装材料		个	150.00	283.00	42 450.00	泰兴市振兴电子有限公司
15	D型密封圈	Φ29.2×31.2×5.1	个	0.54	6 000.00	3 240.00	长沙力元新材料股份有限公司
	合　计					634 703.81	

2. 自制半成品仓库明细清单如表 2-11 所示(截至 2018 年 11 月 30 日)。

表 2-11

自制半成品仓库明细清单

单位:人民币元

序号	品名	规格	单位	单价	数量	金额
1	AA 正极片	68800mAh	片	96.89	177.00	17 149.53
2	AA 负极片	68800mAh	片	87.75	154.00	13 513.50
3	AA 电池(平帽)	1600mAh	支	77.67	179.00	13 902.93
4	镍氢电池	68800mAh	支	11 536.88	41.00	473 012.30
5	D 型矿灯正极片	8000mAh	片	35.89	158.00	5 670.62
6	D 型矿灯负极片	8000mAh	片	36.46	168.00	6 125.28
7	D 型矿灯电池	8000mAh	支	102.95	158.00	16 266.10
合　计						545 640.26

3. 产成品仓库明细清单如表 2-12 所示(截至 2018 年 11 月 30 日)。

表 2-12

产成品仓库明细清单

单位:人民币元

序号	品名	规格	单位	单价	数量	金额
1	D 型矿灯电池	8000mAh	支	342.15	817.00	279 536.55
2	车用镍氢电池	68800mAh	支	16 756.37	80.00	1 340 509.83
合　计						1 620 046.38

第三节　经济业务

业务 1.　2018 年 12 月 2 日,出纳员赵彦晞从上海千绿动力能源有限公司(中国民生银行奉贤支行——账号 0109014170014181)提取现金人民币 20 000.00 元作为备用金。请根据上述经济业务,填写银行支票,并编制相关的记账凭证。见凭证 1。

业务 2.　2018 年 12 月 3 日,上海千绿动力能源有限公司向无锡万达金属粉末有限公司采购原材料,其中包括氢氧化镍 500 千克,单价(不含税)金额为人民币 298.90 元/千克;合金粉(规格 1♯)150 千克,单价(不含税)金额为人民币 206.85 元/千克;氧化钴 450 千克,单价(不含税)金额为人民币 544.69 元/千克;贮氢合金粉 380 千克,单价(不含税)金额为人民币 368.87 元/千克。上述原材料均已验收入库,对应的增值税专用发票已经取得,并已于本月作了进项抵扣申报。请根据上述经济业务,填制原材料入库单并编制相关的记账凭证(交货人:齐元)。见凭证 2.1~2.2。

业务 3. 2018 年 12 月 4 日,上海千绿动力能源有限公司向个人客户张云出售 D 型矿灯电池(型号 8000mAh)10 支,零售单价(不含税)金额为人民币 550 元/支,并收取现金。请根据上述经济业务,计算相关的增值税税额及现金总收入,填写增值税普通发票中的销货明细及金额等,并编制相关的记账凭证。见凭证 3。

业务 4. 根据上海千绿动力能源有限公司与上海通用汽车销售有限公司签订的销售合同反映,销售车用镍氢电池(规格 68800mAh)100 支,合同含税总价人民币 3 969 422.56 元。2018 年 12 月 5 日,上海千绿动力能源有限公司(中国民生银行奉贤支行——账号 0109014170014181)收到上海通用汽车销售有限公司订货款人民币 890 826.77 元。请根据上述经济业务,编制相关的记账凭证。见凭证 4。

业务 5. 2018 年 12 月 5 日,股东上海千绿工业投资有限公司向自然人股东胡海明平价转让其持有的上海千绿动力能源有限公司 10% 的股权,转让价款为人民币 200 万元,上述股权转让款已经支付,相关股权变更手续也已经完成工商登记。请根据上述经济业务,编制相关的记账凭证。见凭证 5。

业务 6. 2018 年 12 月 8 日,上海千绿动力能源有限公司从中国民生银行奉贤支行基本账户(账号 0109014170014181)划款至中国工商银行奉贤支行基本账号 1001780419300558697)人民币 200 万元。请根据上述经济业务,填写银行贷记凭证,并编制相关的记账凭证。见凭证 6。

业务 7. 2018 年 12 月 8 日,上海千绿动力能源有限公司通过开户银行(中国工商银行奉贤支行——账号 1001780419300558697)用贷记凭证方式支付上月末已计提 11 月房租人民币 40 000.00 元和 11 月物业管理费 6 274.23 元,此两笔款项公司于上月计提后分别在"其他应付款"科目的上海市奉贤高科技园区建设有限公司(中国工商银行奉贤支行——账号 6109414170025381)和上海新华物业管理有限公司(中国工商银行奉贤支行——账号 230349524314461)中反映,两笔款项合计人民币 46 274.23 元。请根据上述经济业务,填写银行贷记凭证,并编制相关的记账凭证。见凭证 7.1~7.2。

业务 8. 2018 年 12 月 9 日至 2018 年 12 月 12 日,办公室主任林涛和采购部采购人员黄华 2 人因公出差,至安徽亚兰德新能源材料有限公司洽谈关于该公司延迟付款及赔偿违约金的事项,林涛事先填写了"出差申请单",经部门领导和总经理审批同意。根据领导审批同意的"出差申请单",林涛填写了"借款单",向出纳员赵彦晞办理了暂借备用金人民币 5 000.00 元的手续。请根据上述经济业务,编制相关的记账凭证。见凭证 8.1~8.2。

业务 9. 2018 年 12 月 10 日,上海千绿动力能源有限公司通过开户银行(中国工商银行奉贤支行——账号 1001780419300558697)支付"其他应付款"科目列支的单位上海市社会保险事业管理中心(工商银行中山南路支行——账号 230524524314551)11 月份职工社保费人民币 167 820.80 元。请根据上述经济业务,填写银行贷记凭证,并编制相关的记账凭证。见凭证 9。

业务 10. 2018 年 12 月 10 日,上海千绿动力能源有限公司(中国民生银行奉贤支行——账号 0109014170014181)收到各股东根据公司章程规定投入的第二期投资款合计人民币 1 100 000.00 元,其中:股东胡海明投资款人民币 900 000.00 元,股东中国科学院湖北微系统与信息技术研究院投资款人民币 50 000.00 元,上海明浩企业发展有限公司投资款人民币 150 000.00 元。请根据上述经济业务,编制相关的记账凭证。见凭证 10.1~10.3。

业务 11. 2018 年 12 月 12 日,上海千绿动力能源有限公司通过开户银行(中国民生银行奉贤支行——账号 0109014170014181)支付上海瑞达贸易有限公司(中国交通银行奉贤支行——账号 2142183698314442)购买 4 个取暖设备及 13 个插座合计款项人民币 820.00 元(采购部人员黄华经办)。这些物品主要用于 2 个车间使用,其中极片车间耗用取暖设备 3 个和公牛插座 7 个,装配车间取暖设备 1 个和公牛插座 6 个。请根据上述经济业务,计算极片车间和装配车间的耗用金额,填写费用报销单、物品入库单、领用单和银行贷记凭证,并编制相关的记账凭证(请在"制造费用——机物料消耗"中列支)。见凭证 11.1~11.6。

业务 12. 2018 年 12 月 12 日,上海千绿动力能源有限公司(中国民生银行奉贤支行——账号 0109014170014181)收到新股东(战略投资者)上海千禧投资有限合伙投入的款项合计人民币 1 500 000.00 元,其中包括投资款人民币 1 000 000.00 元,投资溢价款人民币 500 000.00 元。请根据上述经济业务,编制相关的记账凭证。见凭证 12。

业务 13. 2018 年 12 月 12 日,上海千绿动力能源有限公司向上海通用汽车销售有限公司销售车用镍氢电池(型号 68800mAh)70 支,单价(不含税售价金额)为人民币 25 379.68 元/支,增值税专用发票已经开具,产品已经出库,符合确认销售收入条件。

上述业务对应的部分货款 890 826.77 元已于上月预收,并在上月末的"预收账款"科目中反映。其余货款根据双方合同约定应由上海通用汽车销售有限公司于 90 天内支付。请编制相应的销售收入确认的会计分录,并将增值税专用发票填写完整(收货人:张倩)。见凭证 13.1~13.2。

业务 14. 2018 年 12 月 13 日,千绿公司在年末的财产清查过程中,发现一台未入账的夏普 MX-235CT 复印机(资产部杨霞经办、工程师袁浩验收),尚能正常使用,按照相同新旧程度复印机的市场价格估计,其重置成本为人民币 15 000.00 元,财务部门正需复印机一台,先由其使用。资产部决定这台复印机按盘盈固定资产程序处理,先将盘盈的固定资产作为待处理事项入账,等待领导批准后再作进一步账务处理。请根据上述经济业务,填制固定资产验收单并编制待处理的会计分录。见凭证 14。

业务 15. 2018 年 12 月 13 日,上海千绿动力能源有限公司开户银行(中国工商银行奉贤支行——账号 1001780419300558697)通过自动扣款向上海市奉贤区税务局缴付 11 月税费及滞纳金合计人民币 72 148.04 元,其中应交增值税人民币 55 928.95 元,应交城市维护建设税人民币 3 915.03 元,应交个人所得税人民币 8 926.00 元,应交教育费附加人民币 1 677.87 元,应交地方教育费附加人民币 1 118.58 元,河道管理费人民币 559.29 元和个人所得税滞纳金人民币 22.32 元。上述各项税费均已在 11 月末的"应交税费"科目中反映,但个人所得税滞纳金上月未作计提,需本月补充计提核算。请根据上述经济业务,编制相关的记账凭证。见凭证 15.1~15.3。

业务 16. 2018 年 12 月 13 日,上海千绿动力能源有限公司通过开户银行(中国民生银行奉贤支行——账号 0109014170014181)支付 11 月末已在"应付账款"反映的供应商长沙力元新材料股份有限公司(中国银行长沙支行——账号 3105432698514586,发货票号码 31063657223,物品入库单号 20180689)货款人民币 49 000.00 元,此项经济业务由采购部门黄华根据 2018 年 8 月 15 日签订第 cg20180158 号采购合同约定的付款期限,于 2018 年 12 月 12 日提出资金支付申请,并获得领导审批通过。请根据上述经济业务,填写银行单位业务委托书和资金支付审批表,并编制相关的记账凭证。见凭证 16.1~16.2。

业务 17. 2018 年 12 月 13 日,上海千绿动力能源有限公司通过开户银行(中国民生银行奉贤支行——账号 0109014170014181)支付长沙力元新材料股份有限公司(中国银行长沙支行——账号 3105432698514586)采购原材料添加剂 100 千克的 30%预付款人民币 24 756.03 元。此项经济业务由采购部门黄华根据 2018 年 12 月 5 日签订第 cg20180364 号采购合同约定的预付款期限,于 2018 年 12 月 12 日提出资金支付申请,并获得领导审批通过。请根据上述经济业务,填写银行单位业务委托书和资金支付审批表,并编制相关的记账凭证。见凭证 17.1~17.2。

业务 18. 2018 年 12 月 14 日,上海千绿动力能源有限公司向长沙力元新材料股份有限公司购入原材料添加剂(规格 2♯)100 千克,单价(不含税)金额为人民币 705.30 元/千克,原材料均已验收入库,相应的增值税专用发票已经取得,并已经完成网上进项抵扣认证和申报。根据双方签订的采购合同(第 cg20180364 号),千绿公司已经按要求于本月 13 日支付 30%预付款项 24 756.03 元,已在本月的"预付账款——长沙力元新材料股份有限公司"中反映(详见本月银 12 号凭证)。请根据上述经济业务,填写原材料入库单(交货人:张天译),并编制相关的记账凭证。见凭证 18.1~18.2。

业务 19. 2018 年 12 月 14 日,上海千绿动力能源有限公司(中国工商银行奉贤支行——账号 1001780419300558697)向上海锐超科技有限公司收购其原持有上海皑铭科技有限公司 7%股权,根据皑铭科技公司的股东会决议和股权转让双方于 2018 年 12 月 10 日签订的股权转让协议规定,千绿公司作为股权受让方需于 2018 年 12 月 15 日前通过银行支付给股权出让方上海锐超科技有限公司(中国银行奉贤支行——账号 3104218598320536)转让价款人民币 77 000.00 元,其中包括现金股利人民币 7 000.00 元,此项股权变更事项皑铭科技公司已于 2018 年 12 月 20 日办理了工商变更登记手续。上述资金支付事项由资产部施静静负责经办,并已获得领导审批通过。请根据上述经济业务,填写银行贷记凭证和股权转让协议和资金支付审批表,并编制相关的记账凭证。见凭证 19.1~19.3。

业务 20. 2018 年 12 月 14 日,根据 2018 年年初签订的维修保养协议约定,上海安心设备维修有限公司对极片车间和装配车间的工作台进行了第四季度定期维修保养工作。上海千绿动力能源有限公司经开户银行审核同意,以现金支付上海安心设备维修有限公司极片车间工作台维修费人民币 1 133.20 元和装配车间工作台维修费 820.60 元,合计人民币 1 953.80 元,取得对方公司提供盖有"现金收讫"章的普通发票一张。请根据上述经济业务,填写费用报销单,并编制相关的记账凭证。见凭证 20.1~19.2。

业务 21. 根据上海千绿动力能源有限公司与中国工商银行奉贤支行签订的短期借款合同第 251489 号反映,2018 年 12 月 15 日为 50 万元借款到期日,千绿公司短期借款中反映的 50 万元本金需在到期日归还,同时还需向该银行归还最后一期 2018 年 12 月 1 日至 2018 年 12 月 15 日半个月的利息。请代为计算此笔利息费用,年贷款利率为 7.1%,全年按 365 天计算,同时请编制计提本期(2018 年 12 月上半月)利息的相关会计分录。见凭证 21。

业务 22. 2018 年 12 月 15 日,上海千绿动力能源有限公司通过中国工商银行奉贤支行(账号 1001780419300558697)归还中国工商银行奉贤支行(账号 1004233698314472)的短期借款本金人民币 500 000.00 元及当月计提的最后一期(即 12 月 1 日至 12 月 15 日)利息人民币 1 458.90 元,此笔利息已在本月应付利息中反映(详见业务 21),合计支付人民币 501 458.90 元。请根据上述经济业务,填写银行贷记凭证,并编制相关的记账凭证。见凭证 22。

业务 23. 2018 年 12 月 15 日,上海千绿动力能源有限公司现正在进行研发中心装修改造工程,千绿公司收到上海陆鸣建筑装潢有限公司开具的二期装修款发票和付款通知,应付款项金额为人民币 15 万元。该项目通过“在建工程”科目反映。请根据上述经济业务,编制相关的记账凭证。见凭证 23.1~23.2。

业务 24. 2018 年 12 月 16 日,上海千绿动力能源有限公司向泰兴振兴电子有限公司购入三项材料,分别为:原材料——AA 密封圈(规格 13.7×12.7)2 000 个,单价(不含税)金额为人民币 0.80 元/个;原材料——1/2D 型钢壳(规格 32.2×31.2×35.5)1 200 个,单价(不含税)金额为人民币 2.86 元/个;原材料——包装材料 500 个,单价(不含税)金额为人民币 160 元/个,原材料均已验收入库,已经取得增值税专用发票,并已完成网上进项申报抵扣。根据双方约定,将于发票日后的 90 天内支付货款。请根据上述经济业务,填写原材料入库单(交货人:徐华),并编制相关的记账凭证。见凭证 24.1~24.2。

业务 25. 2018 年 12 月 16 日,上述盘盈的固定资产——夏普 MX-235CT 复印机申请表根据千绿公司的审批流程权限要求,已经获得各级领导审批同意,可以按照《小企业会计准则》规定处理,请填写固定资产盘盈申请表,并编制报批后的会计分录。见凭证 25。

业务 26. 2018 年 12 月 18 日,上海千绿动力能源有限公司向上海万源技术发展有限公司转让无形资产——HEV 氢镍电池包生产技术,转让价格(含税价)为人民币 750 834.00 元,转让款已经通过银行(中国民生银行奉贤支行——账号 0109014170014181)全额收取,截至转让日,该项无形资产账面反映的原值为人民币 1 200 000.00 元,累计摊销额为人民币 515 832.70 元,请计算相关技术转让的税金及附加税费,并编制相关的记账凭证。见凭证 26.1~26.2。

业务 27. 2018 年 12 月 18 日,上海千绿动力能源有限公司向安徽亚兰德新能源材料有限公司购入原材料焊杯 20 000 个,单价(不含税)金额为人民币 4.98 元/个,原材料均已验收入库,千绿公司已经取得增值税专用发票,并已完成网上进项申报抵扣,根据双方约定,将于发票日后的 90 天内支付货款。该笔业务将以银行承兑汇票支付。请根据上述经济业务,填写原材料入库单(交货人:张倩),并编制相关的记账凭证。见凭证 27.1~27.3。

业务 28. 2018 年 12 月 18 日,上海千绿动力能源有限公司向华瑞抚顺煤矿安全仪器有限公司出售 D 型矿灯电池(规格 8000mAh)63 支,单价(不含税金额)人民币 527.38 元/支。该笔货款已在“预收账款”科目中列支。购货方华瑞抚顺煤矿安全仪器有限公司的纳税人识别号为31306560187589;地址为抚顺市新抚区裕民路436号;电话67340392;开户银行为中国交通银行抚顺支行;银行账号0118014127414181。请填写上海增值税专用发票(发票联和抵扣联中的销货方明细),以及商品出库单(收货人:张倩),并根据上述经济业务,编制相应的销售会计分录。见凭证28.1~28.2。

业务29.　2018年12月19日,上海千绿动力能源有限公司向陕西神华煤矿有限公司(纳税人识别号:31306560187589,地址、电话:宝鸡市金台区宏文路756号61342347,开户行及账号:中国招商银行宝鸡支行0112694121184181)出售D型矿灯电池(规格8000mAh)527支,单价(不含税金额)人民币527.38元/支。该公司以银行承兑汇票方式结算。请填写上海增值税专用发票(发票联和抵扣联中的货物明细),并根据上述经济业务,编制相应的销售会计分录。见凭证29.1~29.2。

业务30.　2018年12月20日,上海千绿动力能源有限公司在进行年度盘点的过程中,盘亏固定资产——联想ThinkPadE431笔记本电脑一台,其账面反映的原值为人民币3 899.00元,累计折旧为人民币617.30元。请根据上述经济业务,编制结转待处理财产损溢的会计分录。见凭证30。

业务31.　2018年12月20日,资产部门将盘亏的固定资产——联想ThinkPadE431笔记本电脑一台,其账面反映的原值为人民币3 899.00元,累计折旧为人民币617.30元。原为销售部人员使用,经询问销售部主管陈婷得知,由于本年国庆期间管理不善造成此手提电脑丢失,但相关使用人员已经离职,无法联系查明原因,只能行使报损手续,已获得领导批准。请根据上述经济业务,请编制相关的记账凭证。见凭证31。

业务32.　2018年12月20日,上海千绿动力能源有限公司向长沙力元新材料股份有限公司购入原材料D型密封圈(规格Φ29.2×31.2×5.1)8 000个,单价(不含税)金额为人民币0.54元/个,原材料均已验收入库。请根据上述经济业务,填写原材料入库单(交货人:郑翔),并编制相关的会计分录。见凭证32.1~32.2。

业务33.　2018年12月22日,上海千绿动力能源有限公司(中国民生银行奉贤支行——账号0109014170014181)提前收回应收账款客户扬州润弘机电有限公司(中国银行扬州分行——账号3105426398514856)货款人民币123 480.00元,此笔应收账款全额人民币126 000.00元已经于11月末在客户余额中反映,按合同规定提前付款可给予2%现金折扣作为优惠。请根据上述经济业务,计算现金折扣,并编制相关的记账凭证。见凭证33。

业务34.　2018年12月22日,生产部提出极片车间使用的一台机器设备除尘式砂轮机(规格mc3030)由于核心部件损失,经询价发现维修成本过高,与新购一台相比不经济,因此生产部申请提前报废上述除尘式砂轮机,账面原值为人民币8 300.00元,累计折旧为人民币1 445.62元,无清理收入。请根据上述经济业务,填写固定资产处置申请表,并编制固定资产结转清理相关的记账凭证。见凭证34。

业务35.　2018年12月22日,上述已经结转固定资产清理的一台除尘式砂轮机(规格mc3030),提前报废的申请获得批准,财务部根据批准的"固定资产处置申请表"作了账务处理。请根据上述经济业务,编制相关结转"营业外支出"的会计分录。见凭证35。

业务36.　2018年12月23日,上海千绿动力能源有限公司通过开户银行(中国工商银行奉贤支行——账号1001780419300558697)支付苏州品全新材料股份有限公司(中国银行苏州支行——账号 3105432698514586)配件采购款合计人民币 3 153.58 元,其中包括极片车间采购配件款 1 744.90 元和装配车间采购配件款 1 408.68 元,经手人王月江。请根据上述经济业务,填写银行单位业务委托书和费用报销单,并编制相关的记账凭证。见凭证 36.1~36.3。

业务 37. 2018 年 12 月 23 日,上海千绿动力能源有限公司通过开户通过开户银行(中国工商银行奉贤支行——账号 1001780419300558697)支付上海市自来水奉贤有限公司(上海银行奉贤支行——账号 2509054180014473)车间本月水费人民币 781.20 元和上海市电力公司(中国银行奉贤支行——账号 3109415273014161)本月电费人民币 1 877.70 元,共计人民币 2 658.90 元。其中极片车间列支水电费为人民币 1 542.16 元,装配车间列支水电费为人民币 1 116.74 元。请根据上述经济业务,填写银行贷记凭证,并编制相关的记账凭证。见凭证 37.1~37.5。

业务 38. 2018 年 12 月 24 日,上海千绿动力能源有限公司向镇江赛福特机械设备有限公司购买镍氢电池生产线(资产编号 00534、资产代码 00534、规格 KM305)一套,取得由镇江赛福特机械设备有限公司开具的增值税专用发票,注明的设备买价(不含税)金额为人民币 380 000.00 元,增值税额为人民币 64 600.00 元。该机器设备已验收入库。请根据上述经济业务,填写固定资产购置申请单,固定资产验收单,并编制相关的记账凭证。见凭证 38.1~38.3。

业务 39. 2018 年 12 月 25 日,上海千绿动力能源有限公司通过开户银行(中国工商银行奉贤支行——账号 1001780419300558697)支付 11 月工会经费人民币 11 536.54 元,其中 40% 即 4 614.62 元支付上海总工会(中国建设银行徐汇支行——账号 2127183463659297),其余 60% 即 6 921.92 元支付本单位工会账户(说明:千绿公司工会为单独设账的独立组织),取得 11 536.54 元的工会经费收入专用收据。上述工会经费已在 11 月末"应付职工薪酬"相关明细科目中反映。请根据上述经济业务,填写工会经费专用收据,并编制相关的记账凭证。见凭证 39.1~39.3。

业务 40. 2018 年 12 月 26 日,上海千绿动力能源有限公司计提两个车间管理人员工资合计为人民币 13 600.00 元,其中极片车间管理人员当月工资人民币 7 888.00 元,装配车间管理人员当月工资人民币 5 712.00 元。请根据上述经济业务,编制计提车间管理人员应付职工薪酬——工资,填写工资费用分配表,并编制相关的记账凭证。见凭证 40。

业务 41. 2018 年 12 月 26 日,上海千绿动力能源有限公司计提两个车间管理人员本月奖金、津贴和补贴合计为人民币 2 564 元,其中极片车间管理人员当月奖金、津贴和补贴为人民币 1 640.00 元,装配车间管理人员当月奖金、津贴和补贴为人民币 924.00 元。请根据上述经济业务,编制计提车间管理人员应付职工薪酬——奖金、津贴和补贴计算表,并编制相关的记账凭证。见凭证 41。

业务 42. 2018 年 12 月 26 日,上海千绿动力能源有限公司按员工工资、奖金、津贴和补贴之和的 37% 计提车间管理人员本月社会保险费,合计为人民币 5 980.68 元,其中极片车间管理人员当月社会保险费为人民币 3 525.36 元,装配车间管理人员当月社会保险费为人民币 2 455.32 元。请根据上述经济业务,编制计提应付职工薪酬——社会保险费计算表,并编制相关的记账凭证。见凭证 42。

业务 43. 2018 年 12 月 26 日,上海千绿动力能源有限公司需按员工工资、奖金、津贴和补贴之和的 7％计提车间管理人员住房公积金人民币 1 131.48 元,其中极片车间管理人员当月住房公积金为人民币 666.96 元,装配车间管理人员当月住房公积金为人民币 464.52 元。请根据上述经济业务,编制计提应付职工薪酬——公积金计算表,并编制相关的记账凭证。见凭证 43。

业务 44. 2018 年 12 月 26 日,上海千绿动力能源有限公司计提本月办公室等管理人员工资合计人民币 138 528.46 元。请根据人事部门提供的员工工资费用分配表编制相关的记账凭证。见凭证 44。

业务 45. 2018 年 12 月 26 日,上海千绿动力能源有限公司按员工工资的 37％计提办公室等管理人员社会保险费合计人民币 51 255.53 元。请根据上述经济业务,编制相关计提应付职工薪酬——社会保险费计算表,并编制相关的记账凭证。见凭证 45。

业务 46. 2018 年 12 月 26 日,上海千绿动力能源有限公司需按员工工资的 7％计提办公室等管理人员住房公积金合计人民币 9 696.99 元。请根据上述经济业务,编制相关计提应付职工薪酬——住房公积金计算表,并编制相关的记账凭证。见凭证 46。

业务 47. 2018 年 12 月 26 日,上海千绿动力能源有限公司计提 12 月研发部人员工资、社会保险费和住房公积金共计人民币 66 081.60 元,其中工资 45 890.00 元,社会保险费 16 979.30 元(按工资的 37％)和住房公积金 3 212.30 元(按工资的 7％)。请根据上述经济业务,编制相关计提应付职工薪酬计算表,并编制相关的记账凭证。见凭证 47。

业务 48. 2018 年 12 月 27 日,财务部收到领导审批同意的两张费用报销单,分别为极片车间职工王月江报销本月医疗费人民币 680.00 元,装配车间职工张晓报销本月医疗费人民币 756.00 元,合计人民币 1 436.00 元。请根据上述经济业务,编制费用报销单,并编制相关的记账凭证。见凭证 48.1~48.2。

业务 49. 2018 年 12 月 27 日,根据上海千绿动力能源有限公司股东会决议,全体股东一致同意新股东上海千禧投资有限合伙投入的投资溢价款 30 万元转增资本,30 万元全部转增为上海千禧投资有限合伙对千绿公司的投资。请根据上述经济业务和"决议",编制相关的记账凭证。见凭证 49。

业务 50. 2018 年 12 月 27 日,上海千绿动力能源有限公司为了推广 D 型矿灯电池(规格 8000mAh),将 10 支 D 型矿灯电池(规格 8000mAh)作为样品赠予 10 家新客户试用。请根据上述经济业务,计算上述样品应交增值税,根据库存商品明细账余额和购入商品记录,计算 D 型矿灯电池(规格 8000mAh)的单位成本及作为样品赠予 10 家新客户试用的 10 支 D 型矿灯电池(规格 8000mAh)成本,填写"样品视同销售的应交增值税金额计算表",并编制结转样品成本和增值税销项税额(样品单价按 12 月同样产品平均售价确定视同销售的金额)的转账凭证(这项业务的会计处理出自会计实务)。见凭证 50.1~50.2。

业务 51. 2018 年 12 月 27 日,根据千绿公司股东会决议分配上年度利润合计人民币 500 000.00 元,各股东约定按照 2018 年 11 月末已经到位实收资本比例分配上年度 500 000.00 元利润(各股东 11 月末已到位资本情况详见表 2-13)。见凭证 51.1~51.2。

表 2-13

已到位的实收资本

股 东	2018 年 11 月末已经到位的 实收资本金额（万元）
1　上海千绿工业投资有限公司	900
2　胡海明	110
3　中国科学院湖北微系统与信息技术研究所	250
4　上海明浩企业发展有限公司	185
合　计	**1 445**

请计算上述各位股东可分配的应付利润及与分配股利相关应由千绿公司代扣代缴的税金（自然人胡海明个人所得税税率 20%），填写股利分配计算表，并编制相关的记账凭证。

业务 52. 2018 年 12 月 27 日，上海千绿动力能源有限公司通过开户银行（中国民生银行奉贤支行——账号 0109014170014181）支付各股东已分配上年度股利合计 492 387.54元，其中：支付股东上海千绿工业投资有限公司（中国建设银行奉贤支行——账号2127636962659265）股利人民币 311 418.69 元、股东胡海明（招商银行徐汇支行——账号2102183023653698）股利人民币 30 449.83 元、中国科学院湖北微系统与信息技术研究所（中国建设银行湖北支行——账号 2127636962656428）股利人民币 86 505.19 元、上海明浩企业发展有限公司（中国建设银行奉贤支行——账号 2127636962246261）股利 64 013.83 元。上述股利已在本月"应付利润"科目中作了分配计提，详见上笔业务。请根据上述经济业务，填写银行"贷记凭证"或"单位业务委托书"，并编制相关的记账凭证。见凭证 52.1～52.4。

业务 53. 2018 年 12 月 27 日，上海千绿动力能源有限公司通过开户银行（中国工商银行奉贤支行——账号 1001780419300558697）支付股东胡海明股利分配代缴代扣的股息红利（"业务 52"利润分配的股东会决议中反映）个人所得税人民币 7 612.46 元。该笔税金已通过本月"业务 52"在"应交税费"科目中反映。请根据上述经济业务，填制代扣代缴股东胡海明个人所得税申报表并编制相关的记账凭证。见凭证 53.1～53.2。

业务 54. 2018 年 12 月 28 日，上海千绿动力能源有限公司通过开户银行（中国民生银行奉贤支行——账号为 0109014170014181）支付上海金蝶软件有限公司（中国建设银行徐汇支行——账号 2107636962246435）购买金蝶软件存货模块价税款合计 50 000 元，其中可抵扣进项税额人民币 6 896.55 元。此项资产购置由财务部提出申请，已经领导审批同意。请根据上述经济业务，填写无形资产购置申请表和银行贷记凭证，并编制相关的记账凭证。见凭证 54.1～54.3。

业务 55. 2018 年 12 月 28 日，财务部门员工赵彦晞、李诚信及王敏 3 人现金报销由上海市财政局财务举办的财务人员当年度后续教育培训费用共计人民币 450 元（150 元/人×3人）。该笔费用在"应付职工薪酬——职工教育经费"科目中列支。请根据上述经济业务，填写费用报销单，并编制相关的记账凭证。见凭证 55.1～55.2。

业务 56. 2018 年 12 月 28 日，上海千绿动力能源有限公司收到 12 月房屋租赁费和物业管理费发票，其中包括上海奉贤高科技园区建设有限公司开具的 12 月房屋租赁费发票，金额为人民币 40 000.00 元和上海新华物业管理有限公司开具的 12 月物业管理费发票，金额为人民币 8 524.37 元,共计人民币 48 524.37 元。上述款项本月末尚未支付。请根据上述经济业务,编制相关的记账凭证。见凭证56.1~56.2。

业务 57. 2018 年 12 月 29 日,上海千绿动力能源有限公司收到江苏韵达物流有限公司开具的运输装卸费增值税专用发票,价款(不含税)人民币 7 547.17 元,增值税进项税额人民币 452.83 元,已经完成网上进项申报抵扣。根据合同约定,该笔费用预计于 2019 年 1 月 20 日前支付。请根据上述经济业务,编制相关的记账凭证。见凭证57。

业务 58. 2018 年 12 月 30 日,上海千绿动力能源有限公司通过开户银行(中国民生银行奉贤支行——账号为0109014170014181)支付 12 月员工薪酬合计人民币 297 143.96 元。实际发放情况详见后附的 2018 年 12 月工资发放汇总清单。请根据上述经济业务,填写银行贷记凭证,并编制相关的记账凭证。见凭证58.1~58.2。

业务 59. 2018 年 12 月 30 日,上海千绿动力能源有限公司通过开户银行(中国民生银行奉贤支行——账号0109014170014181)支付车间职工报销医疗费人民币 1 436.00 元,其中职工王江(招商银行长宁支行——账号6579524850015262)医疗费人民币 680.00 元,职工张晓(上海银行奉贤支行——账号4587655660034262)医疗费人民币 756.00 元。该笔费用已于本月 27 日业务 48 在应付职工薪酬——职工福利费中作了计提处理。请根据上述经济业务,填写银行贷记凭证,并编制相关的记账凭证。见凭证59.1~59.2。

业务 60. 上海千绿动力能源有限公司准备开拓新业务,经公司股东会决议同意与上海金振实业发展有限公司一同投资设立上海能盈科技有限公司,占股10%。2018 年 12 月 30 日,上海千绿动力能源有限公司通过开户银行(中国民生银行奉贤支行——账号为0109014170014181)向被投资公司上海能盈科技有限公司(中国建设银行奉贤支行——账号2127631061314173)汇入投资款人民币 100 000.00 元。请根据上述经济业务,填写银行贷记凭证,并编制相关的记账凭证。见凭证60。

业务 61. 2018 年 12 月 30 日,装配车间现有工人 17 名,当月需计提工资总额为人民币 103 063.68 元,其中包括人员工资 71 572.00 元,社保费 26 481.64 元和公积金 5 010.04 元。装配车间的生产工人薪酬按两个产成品当月产量的定额工时比例分配。其中:产成品 D 型矿灯电池(型号 8000mAh)的产量为 600 支,每支定额工时为 2 小时;产成品车用镍氢电池(型号 68800mAh)的当月产量为 65 支,每支定额工时为 29 小时。请填写本月装配车间直接人工分配单中的实际工时、分配率以及各个产品的分配额,并编制计提装配车间生产工人应付职工薪酬的转账分录。见凭证61。

业务 62. 2018 年 12 月 30 日,极片车间现有工人 21 名,当月需计提工资总额为人民币 142 959.16 元,其中包括人员工资人民币 99 277.20 元,社保费人民币 36 732.56 元和公积金人民币 6 949.40 元。

极片车间的生产工人薪酬按当月 7 个半成品产量的定额工时比例分配如下:

1. 半成品 AA 正极片(型号 68800mAh)的当月产量为 376 片,每片定额工时为 0.5 小时。

2. 半成品 AA 负极片(型号 68800mAh)的当月产量为 345 片,每片定额工时为 0.5 小时。

3. 半成品 AA 电池(平帽)(型号 1600mAh)的当月产量为 1 040 个,每个定额工时为 0.5 小时。

4. 半成品镍氢电池(型号 68800mAh)的当月产量为 75 支,每支定额工时为 14.76 小时。

5. 半成品 D 型矿灯正极片(型号 8000mAh)的当月产量为 1 006 片,每片定额工时为 0.5 小时。

6. 半成品 D 型矿灯负极片(型号 8000mAh)的当月产量为 806 片,每片定额工时为 0.5 小时。

7. 半成品 D 型矿灯电池(型号 8000mAh)的当月产量为 1 030 支,每支定额工时为 1 小时。

请根据上述信息填写本月极片车间直接人工分配单中实际工时、分配率以及各个半成品的分配金额,并编制计提极片车间生产工人应付职工薪酬的转账分录。见凭证 62。

业务 63. 2018 年 1 月 1 日,上海千绿动力能源有限公司开始一项关于 HEV 镍氢电池包生产技术的研发,预计投资总额为人民币 900 000.00 元,时间为 3 年,研发期为 2018 年 1 月 1 日至 2019 年 12 月 31 日,到 2018 年 12 月,已经投入 200 000.00 元。根据自身的科技研发资金情况,除了再自行筹集资金 200 000.00 元,千绿公司决定向国家政府部门申请财政补贴 500 000.00 元。2018 年 8 月,相关政府部门批准了上海千绿动力能源有限公司的申请,并于批准当日拨入政府补贴款人民币 300 000.00 元,项目结束时通过验收后再拨付尾款 200 000.00 元。

千绿公司已经收到的 30 万元财政补贴在 11 月末的"递延收益"科目中反映。请根据上述经济业务,计算 2018 年度应分配的递延收益金额,并编制按年分配年度收益的会计分录(分录编制日期为 2018 年 12 月 31 日)。见凭证 63。

业务 64. 2018 年 11 月 1 日,上海千绿动力能源有限公司需要购买镍氢电池操作台(规格 ZM-202AN)一套,预计价值为 400 000.00 元。按相关的规定,千绿公司向有关政府部门申请补助 200 000.00 元。同月 15 日,政府部门核准了该项申请,并拨付补贴款 200 000.00 元,该笔款项已记入"递延收益"科目,在 11 月末的余额中反映。同月 20 日,上海千绿动力能源有限公司购入了该操作台,并验收计入固定资产的机器设备,使用寿命是 10 年,采用直线法计提折旧。请根据上述经济业务,计算 12 月的递延收益分配金额,并编制本月分配"递延收益"的会计分录(编制日期为 2018 年 12 月 31 日)。见凭证 64。

业务 65. 2018 年 12 月 31 日,千绿公司按本月工资总额的 2% 计提当月的工会经费,本月"应付职工薪酬"科目当月列支工资总额包括:工资为人民币 368 867.66 和当月列支奖金为人民币 2 564.00 元。请计算当月需计提的工会经费金额,并编制相关计提的会计分录。见凭证 65。

业务 66. 2018 年 12 月 31 日,千绿公司按本月工资总额的 2.5% 计提当月的职工教育经费,"应付职工薪酬"科目当月列支工资为人民币 368 867.66 元和当月列支奖金为人民币 2 564.00 元。请计算当月需计提的职工教育经费金额,并编制相关的记账凭证。见凭证 66。

业务 67. 2018 年 12 月 31 日,财务人员需编制原材料领用结转凭证。请根据配料单编制生产成本领料表和汇总表,并编制相关的结转生产成本的会计分录。见凭证 67.1~67.15。

业务 68. 2018 年 12 月 31 日,极片车间当月发生的制造费用合计人民币 47 574.96 元,其中包括车间管理人员工资人民币 7 888.00 元,奖金、津贴和补贴人民币 1 640.00 元,福利费人民币 680.00 元,社保费人民币 3 525.36 元,公积金人民币 666.96 元,修理费人民币 1 133.20 元,折旧费人民币 28 194.38 元,机物料消耗人民币 2 304.90 元和水电费人民币 1 542.16 元。

极片车间的制造费用按定额工时比例分配。极片车间当月生产半成品产量及定额耗时如下:

1. 半成品镍氢电池(型号 68800mAh)产量 75 支,定额工时 14.76 小时/支。
2. 半成品 AA 负极片(型号 68800mAh)产量 345 片,定额工时 0.5 小时/片。
3. 半成品 AA 正极片(型号 68800mAh)产量 376 片,定额工时 0.5 小时/片。
4. 半成品 AA 电池(平帽)(型号 1600mAh)产量 1 040 个,定额工时 0.5 小时/个。
5. 半成品 D 型矿灯正极片(型号 8000mAh)产量 1 006 片,定额工时 0.5 小时/片。
6. 半成品 D 型矿灯负极片(型号 8000mAh)产量 806 片,定额工时 0.5 小时/片。
7. 半成品 D 型矿灯电池(型号 8000mAh)产量 1 030 支,定额工时 1 小时/支。

请根据上述信息填写极片车间制造费用分配单中实际工时、分配率以及各个半成品的分配金额,并编制相关的转账会计分录。见凭证 68。

业务 69.　2018 年 12 月 31 日,极片车间耗用的原材料均在生产开始时一次投入,极片车间的在产品相对本车间的完工程度为 50%。极片车间当月生产半成品月末在产品产量如下:

1. 半成品镍氢电池(型号 68800mAh)产量 50 支。
2. 半成品 AA 正极片(型号 68800mAh)产量 90 片。
3. 半成品 AA 负极片(型号 68800mAh)产量 76 片。
4. 半成品 AA 电池(平帽)(型号 1600mAh)产量 160 支。
5. 半成品 D 型矿灯正极片(型号 8000mAh)产量 196 片。
6. 半成品 D 型矿灯负极片(型号 8000mAh)产量 186 片。
7. 半成品 D 型矿灯电池(型号 8000mAh)产量 150 支。

根据转账 34(业务 62)、转账 39(业务 67)和转账 40(业务 68)中反映的各项半成品的直接材料、直接人工和制造费用的本月发生额填写极片车间各项半成品成本计算单中完工半成品和月末在产品的金额,并编制完工半成品和自制半成品入库的记账凭证。见凭证 69.1~69.7。

业务 70.　2018 年 12 月 31 日,财务人员需编制相关的装配车间半成品领用的结转凭证。请根据装配车间领料单,编制相关的领用半成品的生产成本领料表,并编制相关的记账凭证。见凭证 70.1~70.4。

业务 71.　财务人员需编制相关的装配车间原材料领用的结转凭证。编制装配车间的生产成本领料汇总表,并编制相关的记账凭证。见凭证 71.1~71.3。

业务 72.　2018 年 12 月 31 日,装配车间当月发生的制造费用合计人民币 34 334.48 元,其中包括工资人民币 5 712.00 元,奖金、津贴和补贴人民币 924.00 元,福利费人民币 756.00 元,社保费人民币 2 455.32 元,公积金人民币 464.52 元,修理费人民币 820.60 元,折旧费人民币 20 416.62 元,机物料消耗人民币 1 668.68 元和水电费人民币 1 116.74 元。

装配车间的制造费用按定额工时比例分配。装配车间当月生产产成品 D 型矿灯电池(型号 8000mAh)的产量为 600 支,每支定额工时为 2 小时;产成品车用镍氢电池(型号 68800mAh)的当月产量为 65 支,每支定额工时为 29.66 小时。

请根据上述信息填写装配车间制造费用分配单中实际工时、分配率以及各个半成品的分配金额,并编制相关的记账凭证。见凭证72。

业务73. 2018年12月31日,装配车间耗用的原材料和自制半成品均在生产开始时一次投入,极片车间的在产品相对本车间的完工程度为50%。装配车间当月生产产成品月末在产品产量如下:

1. 车用镍氢电池(型号68800mAh)产量30支。
2. D型矿灯正极片(型号8000mAh)产量200片。

根据业务71、业务61、业务72和业务70中反映的各项产成品的直接材料、直接人工、制造费用和自制半成品的本月发生额填写装配车间各项产成品成本计算单中完工半成品和月末在产品的金额,完成本步骤的产品成本还原计算表,请填写产成品成本计算单,并编制完工产成品入库的记账凭证。见凭证73.1~73.4。

业务74. 2018年12月31日,上海千绿动力能源有限公司的库存商品按照加权平均法核算。请根据库存商品明细账余额和购入商品记录,计算车用镍氢电池(型号68800mAh)的单位成本及销售给上海通用汽车销售有限公司70支车用镍氢电池(型号68800mAh)成本,并编制转账凭证。见凭证74。

业务75. 2018年12月31日,请填写无形资产摊销表,当月新增购入金蝶软件——存货模块,原值为人民币43 103.45元,按10年摊销。请填写无形资产(动力镍氢电池用纳米材料测试技术和金蝶软件——存货模块)12月份摊销表的有关数据,并编制相关的记账凭证。见凭证75。

业务76. 2018年12月31日,财务人员计提12月折旧,根据折旧明细表反映由管理部门使用的办公电子设备和运输设备12月需计提折旧费金额合计人民币6 810.45元,其中办公电子设备的折旧额为人民币1 756.40元和运输设备的折旧额为人民币5 054.05元(管理部门各项固定资产的原值为:电脑设备62 821.67元、空调设备29 951.24元、仪器设备22 055.39元)。请根据上述经济业务,编制12月办公电子设备和运输设备折旧计提汇总表,并编制相关的记账凭证。见凭证76。

业务77. 2018年12月31日,请计算12月(下半月)短期借款(中国民生银行奉贤支行)人民币35万元的利息费用,贷款年利率为14.6%,并编制相关的记账凭证。见凭证77。

业务78. 2018年12月31日,上海千绿动力能源有限公司的库存商品按照加权平均法核算。请根据库存商品明细账余额和购入商品记录,计算D型矿灯电池(型号8000mAh)的单位成本及销售给陕西神华煤矿有限公司527支D型矿灯电池(型号8000mAh)的成本,编制转账凭证。见凭证78。

业务79. 2018年12月31日,上海千绿动力能源有限公司的库存商品按照加权平均法核算。请根据库存商品明细账余额和购入商品记录,计算D型矿灯电池(型号8000mAh)的单位成本及销售给华瑞抚顺煤矿安全仪器有限公司63支D型矿灯电池(型号8000mAh)的成本,编制转账凭证。见凭证79。

业务80. 2018年12月31日,根据折旧明细表反映的机器设备12月折旧费合计人民币48 611.00元,其中极片车间的机器设备的折旧额为人民币28 194.38元和装配车间的机器设备的折旧额为20 416.62元(极片车间各项固定资产的原值为:机器A 2 056 674.90元、机器B 957 486.00元、机器C 535 951.00元;装配车间各项固定资产的原值为:机器

D 756 077.85元、机器 E 325 036.29 元、机器 F 1 159 106.16 元）。请根据上述经济业务，编制相关的记账凭证。见凭证 80。

业务 81. 2018 年 12 月 31 日，上海千绿动力能源有限公司的库存商品按照加权平均法核算。请根据库存商品明细账余额和购入商品记录，计算 D 型矿灯电池（型号 8000mAh）的单位成本及销售 10 支给自然人张云产成品 D 型矿灯电池（型号 8000mAh）的成本，编制转账凭证。见凭证 81。

业务 82. 2018 年 12 月 31 日，千绿公司年初支付中国电信上海分公司 2018 年度公司网络使用费 117 894.96 元，按 12 个月摊销。截至 2018 年 11 月末，待摊费用账面余额为人民币 9 824.58 元，为待摊 2018 年 12 月网络费。请根据上述经济业务，填写待摊费用摊销计算表，并编制 12 月摊销网络费的会计分录。见凭证 82。

业务 83. 2018 年 12 月 31 日，长期待摊费用账面期初数（11 月末）余额为人民币 2 888 725.93元，均为厂房装修费的摊余值，其中原值发生额为人民币 3 432 450.00 元，按 10 年摊销，截至 2018 年 11 月末已摊销 19 个月。请根据上述经济业务，计算长期待摊费用的月摊销金额，填写长期待摊费用——厂房装修的摊销计算表，并编制相关的记账凭证。见凭证 83。

业务 84. 2018 年 12 月 31 日，财务人员需结转本月的应交增值税，12 月发生销项税额（税率 16％）人民币 335 761.51 元，销项税额（6％）人民币 42 500.00 元，进项税额人民币 202 491.88 元，已交税金人民币 55 928.95 元。请根据上述经济业务，计算本月的应交增值税，填写本月的主要应交税费明细表，并编制月末结转至未交增值税的记账凭证。见凭证 84。

业务 85. 2018 年 12 月 31 日，财务人员计提 12 月的附加税费，已知当月应交增值税额为人民币 175 769.63 元，扣除转让无形资产应交 6％增值税额 42 500 元已作附加税费计提（详见业务 26、银 14 号），其余应交增值税人民币 140 980.34 元需作附加税费计提，请计算本月与 140 980.34 元对应的应交附加税费，填制本月与此项增值税相关计提税费附加明细表，并编制相关计提税金及附加的会计分录。见凭证 85。

业务 86. 2018 年 12 月 31 日，财务人员计提 2018 年第四季度应交企业所得税，千绿公司第四季度的会计利润总额为人民币 373 753.87 元，企业所得税税率为 15％。请根据上述经济业务，计算本季度应预缴的企业所得税（企业应纳税所得额与会计利润总额无差异），并编制相关的记账凭证。见凭证 86。

业务 87. 2018 年 12 月 31 日，财务人员按汇算清缴要求计算应纳税所得额调增金额为 7 367.04 元，需补提应交企业所得税。2018 年度汇算清缴需要调整 3 项内容如下：

1. 业务招待费。账面管理费用实际列支业务招待费 17 861.80 元，千绿公司账面反映 2018 年度营业收入人民币 12 424 626.00 元。《企业所得税法实施条例》第四十三条规定："企业发生的与生产经营活动有关的业务招待费支出，按照发生额的 60％扣除，但最高不得超过当年销售（营业）收入的 5‰。"

2. 税收滞纳金。账面营业外支出列支滞纳金人民币 22.32 元。

企业所得税税率为 15％。请根据上述经济业务，填写汇算清缴需填报的 2018 年度企业所得税年度纳税申报表（主表）和 2018 企业所得税纳税调整项目明细表（附表 A105000），计算汇算清缴应补计提的企业所得税，并编制相关的记账凭证。见凭证 87.1～87.3。

业务 88. 2018 年 12 月 31 日,财务人员结转本期损益至本年利润,请编制相关的记账凭证。

业务 89. 2018 年 12 月 31 日,财务人员需结转本年利润。全年的净利润为人民币 989 534.96 元。请根据上述经济业务,编制相关的记账凭证。

业务 90. 2018 年 12 月 31 日,财务人员按照当年净利润的 10%,计提法定盈余公积。请根据上述经济业务,编制相关的记账凭证。

业务 91. 2018 年 12 月 31 日,财务人员按要求对"应交税费——应交增值税"的三级科目明细金额作内部年度结转。请编制相关的记账凭证。

业务 92. 2018 年 12 月 31 日,财务人员结转"利润分配——未分配利润",股利分配具体信息见业务 51。请编制相关的结转分录。

凭证 1

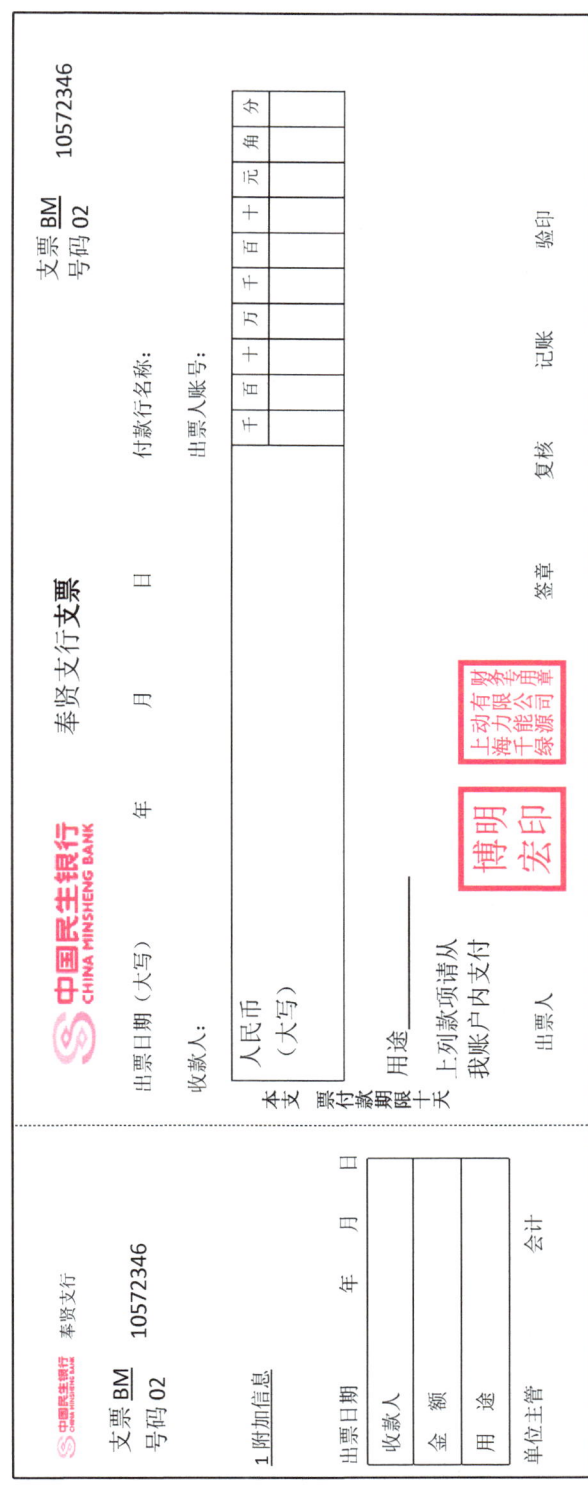

支票 BM
号码 02   10572346

奉贤支行

中国民生银行
CHINA MINSHENG BANK

奉贤支行支票

支票 BM
号码 02   10572346

出票日期（大写） 年 月 日

收款人：

付款行名称：

出票人账号：

人民币
（大写）

用途

上列款项请从
我账户内支付

出票人

	千	百	十	万	千	百	十	元	角	分

博明宏印

上海动力有限公司
千绿能源专用财务章

签章   复核   记账   验印

本支票付款期限十天

1 附加信息

出票日期   年 月 日

收款人			
金 额			
用 途			

单位主管   会计

凭证 2.1

310082560 江苏增值税专用发票 №12800635

开票日期2018 年 12 月 02 日

购买方	名　　　称：上海千绿动力能源有限公司 纳税人识别号：310226560177589 地　址、电　话：上海市奉贤区奉城镇灯民路 676 号 62910392 开户行及账号：中国民生银行奉贤支行 0109014170014181	密码区	3<07644/53>928＋8/78　加密版本：01 *>656>*78710412>6***　3100093256 >>+<8-78++4<434+2-1　12315562 +54*<+9-55/94878>>5+

货物及应税劳务名称	规格型号	单位	数量	单价	金额	税率	税额
氢氧化镍		千克	500	298.90	149 450.00	16%	23 912.00
合金粉	1#	千克	150	206.85	31 027.50	16%	4 964.40
氧化钴		千克	450	544.69	245 110.50	16%	39 217.68
贮氢合金粉		千克	380	368.87	140 170.60	16%	22 427.30
合　计					¥565 758.60		¥90 521.38

价税合计（大写）	陆拾伍万陆仟贰佰柒拾玖元玖角捌分	（小写）¥656 279.98

销售方	名　　　称：无锡万达金属粉末有限公司 纳税人识别号：310396560176724 地　址、电　话：无锡市宜兴经济技术开发区 8 号 68310392 开户行及账号：中国建设银行无锡支行 2109383443359297	备注	无锡万达金属粉末有限公司 310396560176724 发票专用章

收款人：吴杰　　复核：肖俊　　开票人：陈祥　　　销货单位：（章）

凭证 2.2

上海千绿动力能源有限公司
原材料入库单

仓库：　　　　　　　　年　月　日　　　　　　NO：35078671

供货单位				附原凭　张	发票号		开票日期		
货号	名称	型号规格	单位	数　量		进货价		验收损耗	
				发票	实收	单价	金额	数量	金额

注明采购方式		进项税费				用　途	
		合　计					

仓库负责人：王江　　　　　保管员：郑翔　　　　　交货人：齐元

三、财会

凭证 3

3100153130  上海增值税普通发票 №12879858

记 账 联

| 开票日期 | | 年 月 日 |

<table>
<tr><td rowspan="4">购买方</td><td>名　　称：</td><td colspan="4"></td><td rowspan="4">密码区</td><td colspan="2">3<07644/53>928＋8/78　加密版本：01</td></tr>
<tr><td>纳税人识别号：</td><td colspan="4"></td><td colspan="2">*>656>*78710412>6***　3100093256</td></tr>
<tr><td>地址、电话：</td><td colspan="4"></td><td colspan="2">>>+<8－78++4<434+2-1　12315562</td></tr>
<tr><td>开户行及账号：</td><td colspan="4"></td><td colspan="2">+54*<+9-55/94878>>5+</td></tr>
</table>

货物或应税劳务、服务名称	规格型号	单位	数量	单价	金　额	税率	税额
合　　　计							
价税合计（大写）					（小写）¥		

销售方	名　　　称：			备注	
	纳税人识别号：				
	地址、电话：				
	开户行及账号：				

第一联：记账联 销售方记账凭证

（上海千绿动力能源有限公司 310226560177589 发票专用章）

收款人：赵彦晞　复核：王　敏　开票人：李诚信　销货方：（章）

凭证 4

CPS 来账凭证（客户入账回单）

业务类型：001　　　　业务编号：330056423148　　　　交易种类：XPS 同城支付
发起行行号：104295922705　　发起行名称：中国民生银行奉贤支行
接收行行号：100124000095　　接收行名称：中国工商银行奉贤支行
收款人账号：0109014170014181　　收款人开户行行号：1001780419300558697
收款人名称：上海千绿动力能源有限公司
汇款人账号：1001780419300558697　　汇款人开户行行号：100124000095
汇款人名称：上海通用汽车销售有限公司
金额：CNY 890 826.77 元
大写金额：捌拾玖万零捌佰贰拾陆元柒角柒分
附言：预付货款
入账解付账号：1001780419300558697　　　处理日期：2018-12-512:38:23
入账户名：上海千绿动力能源有限公司
温馨提示：此回单为同城电子支付业务入账凭证，以取代原上海支付结算综合业务系统专用凭证
打印日期：2018-12-5　14:53:35　　　　打印次数：1(自助打印,注意重复)

（中国民生银行奉贤支行 业务专用章）

凭证 5

股权转让协议

转让方(简称甲方):上海千绿工业投资有限公司
受让方(简称乙方):胡海明
甲方与乙方就上海千绿动力能源有限公司的股权转让事宜,于 2018 年 12 月 5 日订立。甲乙双方本着平等互利的原则,经友好协商,达成如下协议:

第一条、股权转让价格与付款方式

1. 甲方同意将持有上海千绿动力能源有限公司 10％的股权共(大写)贰佰万元(￥2 000 000.00)出资额,以(大写)贰佰万元(￥2 000 000.00)转让给乙方,乙方同意按此价格及金额购买上述股权。
2. 出资转让于 2018 年 12 月 5 日完成。

第二条、保证

1. 甲方保证转让给乙方的股权是甲方在上海千绿动力能源有限公司的真实出资,是甲方合法拥有的股权,甲方拥有完全的处分权。甲方保证对所转让的股权,没有设置任何抵押、质押或担保,并免遭任何第三人的追索。否则,由此引起的所有责任,由甲方承担。
2. 乙方承认上海千绿动力能源有限公司章程,保证按章程规定履行义务和责任。

第三条、协议的生效及其他

1. 本协议经双方签字盖章后生效。
2. 本合同一式四份,甲乙双方各持一份,该公司存档一份,申请变更登记一份。

甲方(签字或盖章):
日期:2018 年 12 月 5 日
乙方(签字或盖章):胡海明
日期:2018 年 12 月 5 日

凭证 6

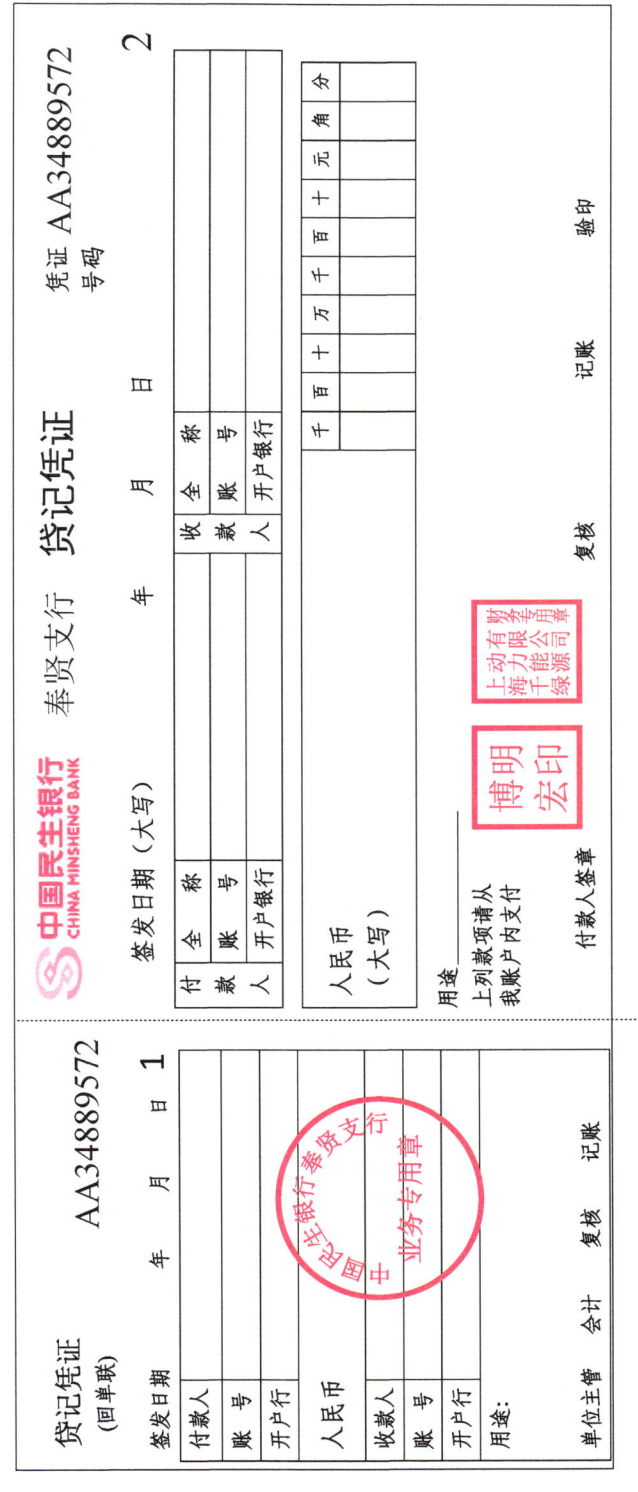

贷记凭证
（回单联）

AA34889572

1

签发日期　　年　月　日

付款人
账　号
开户行

人民币
（大写）

收款人
账　号
开户行

用途：

单位主管　　会计　　复核　　记账

中国民生银行
CHINA MINSHENG BANK

奉贤支行　　贷记凭证

凭证 AA34889572
号码

2

签发日期（大写）　　年　月　日

付款人
全　称
账　号
开户银行

收款人
全　称
账　号
开户银行

人民币
（大写）

千百十万千百十元角分

用途
上列款项请从
我账户内支付

付款人签章　　复核　　记账　　验印

凭证7.1

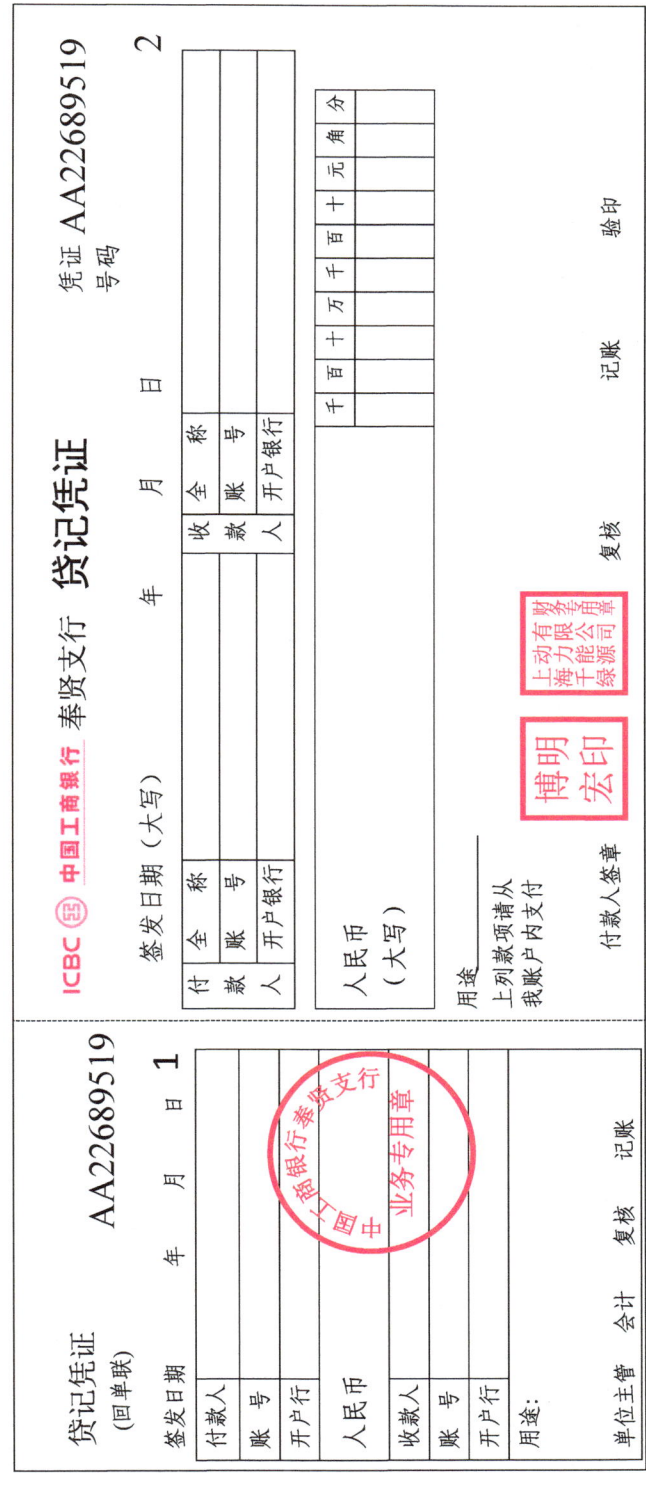

贷记凭证
（回单联）

AA22689519

1

签发日期　　年　月　日

付款人	全　称	
账　号	
开户行	

人民币

收款人	全　称	
账　号	
开户行	

用途：

单位主管　　会计　　复核　　记账

凭证 AA22689519
号码

2

中国工商银行 奉贤支行　贷记凭证

签发日期（大写）　　年　　月　　日

付款人	全　称		收款人	全　称	
账　号		账　号	
开户行		开户行	

人民币
（大写）

| 千 | 百 | 十 | 万 | 千 | 百 | 十 | 元 | 角 | 分 |
| | | | | | | | | | |

用途：
上列款项请从
我账户内支付

付款人签章　　　　　　　　复核　　记账　　验印

57

凭证 7.2

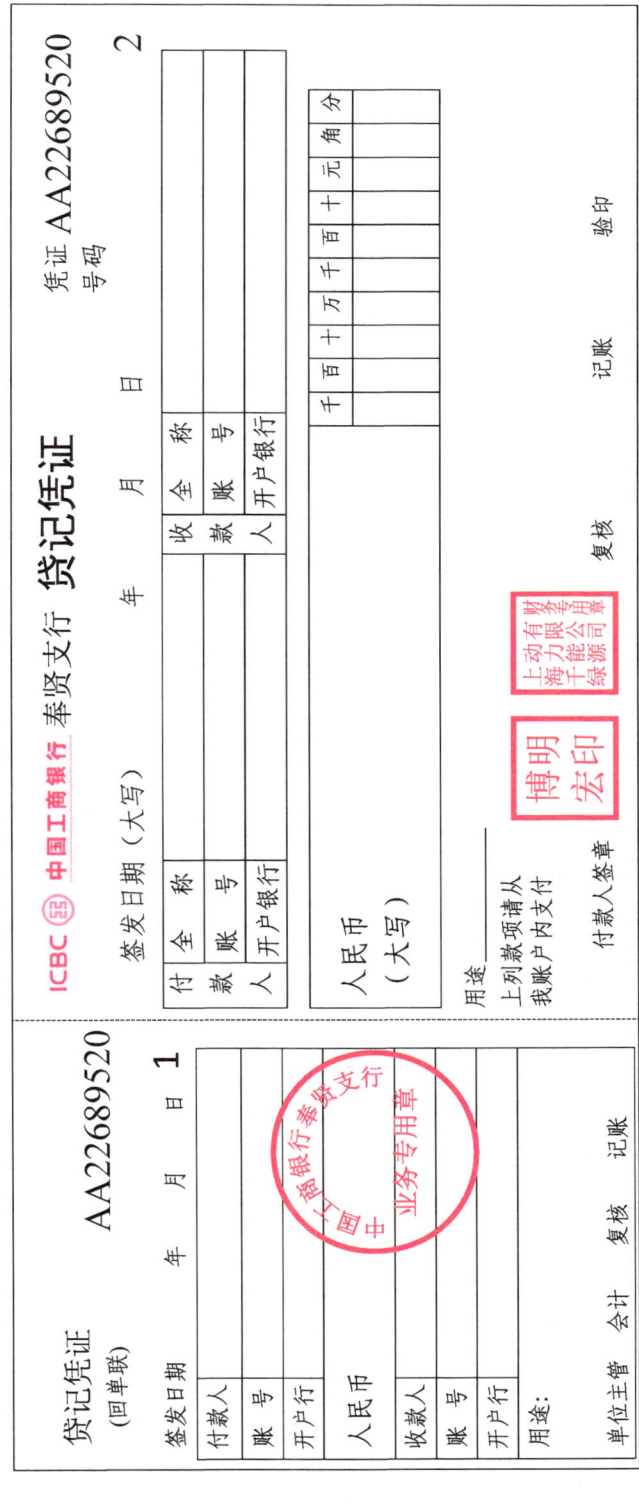

凭证号码 AA22689520   2

贷记凭证

中国工商银行 奉贤支行

签发日期   年   月   日

付款人	全称		收款人	全称	
	账号			账号	
	开户银行			开户银行	

人民币（大写）		千	百	十	万	千	百	十	元	角	分

用途：
上列款项请从
我账户内支付

付款人签章

复核   记账   验印

AA22689520   1

贷记凭证
（回单联）

签发日期   年   月   日

付款人
账号
开户行

人民币（大写）

收款人
账号
开户行

用途：

单位主管   会计   复核   记账

59

凭证 8.1

出 差 申 请 单

申请日期：2018 年 12 月 5 日

申报部门	办公室		申请人		林涛
出差日期	2018 年 12 月 9 日至 2018 年 12 月 12 日　　　共 4 天				
出差省市与地区	安徽亚兰德新能源材料有限公司				
出差名单	林涛、黄华 2 人				
出差事由	洽谈关于该公司延迟付款及赔偿违约金				
交通工具安排	□飞机　　　□火车　　　□汽车　　　□动车　　　□其他				
申请费用	人民币：伍仟元整　　　　　　　　　　　　　　　　（￥5 000.00 元）				
部门审核	张健之印 财务审核		贺华之印 总经理审核		
薛凯			2018.12.6		
审核费用	人民币：伍仟元整　　　　　　　　　　　　　　　　（￥5 000.00 元）				

说明：1. 此申请表作为出差申请、借款、核销必备凭证。
　　　2. 如出差途中变更行程计划需及时汇报。
　　　3. 出差申请表须在接到申请后 48 小时内批复。

凭证 8.2

借 款 单

2018 年 12 月 8 日　　　　　　　　　　　　　　No. 0009715

人民币（大写）：伍仟元整			￥：5 000.00 元		
用　　途	林涛和黄华 2 人出差至安徽,对公司重要供应商安徽亚兰德新能源材料有限公司现场考察,并洽谈关于该公司延迟付款及赔偿违约金的事项,向公司暂借备用金 5 000.00 元用于出差差旅费用。				
付款方式	现金	票据号码			
收款单位	办公室	开户银行			
		账　号			
借款部门	办公室 贺华之印	负责人： 林涛之印		借款人： 林涛之印	
总 经 理	同意		2018.12.8		
财务部门	会计： 李诚信	出纳： 赵彦晞		审核： 张健之印	

凭证9

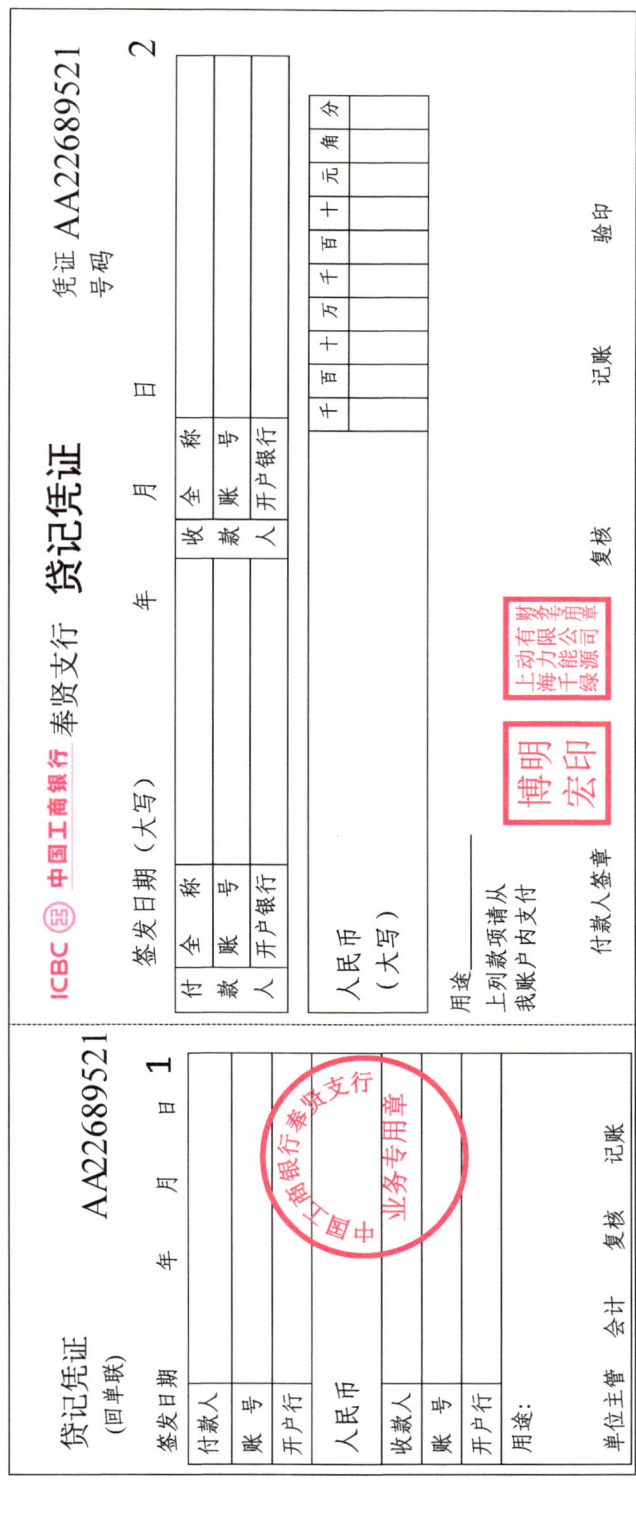

63

凭证 10.1

CPS 来账凭证(客户入账回单)

业务类型:001   业务编号:330056423141   交易种类:XPS 同城支付

发起行行号:210218000030   发起行名称:招商银行徐汇支行

接收行行号:104295922705   接收行名称:中国民生银行奉贤支行

收款人账号:0109014170014181   收款人开户行行号:0109014170014181

收款人名称:上海千绿动力能源有限公司

汇款人账号:2102183023653698   汇款人开户行行号:313290000029

汇款人名称:胡海明

小写金额:CNY 900 000.00 元

大写金额:人民币玖拾万元整

附言:投资款

入账解付账号:0109014170014181   处理日期:2018-12-10　09:42:23

入账户名:上海千绿动力能源有限公司

温馨提示:此回单为同城电子支付业务入账凭证,以取代原上海支付结算综合业务系统专用凭证

打印日期:2018-12-10　12:53:35   打印次数:1(自助打印,注意重复)

凭证 10.2

CPS 来账凭证(客户入账回单)

业务类型:001   业务编号:330056423142   交易种类:XPS 异地支付

发起行行号:212763000069   发起行名称:中国建设银行湖北分行

接收行行号:104295922705   接收行名称:中国民生银行奉贤支行

收款人账号:0109014170014181   收款人开户行行号:0109014170014181

收款人名称:上海千绿动力能源有限公司

汇款人账号:2127636962656428   汇款人开户行行号:212763000069

汇款人名称:中国科学院湖北微系统与信息技术研究所

小写金额:CNY 50 000.00 元

大写金额:人民币伍万元整

附言:投资款

入账解付账号:0109014170014181   处理日期:2018-12-10　11:10:29

入账户名:上海千绿动力能源有限公司

温馨提示:此回单为电子支付业务入账凭证,以取代原支付结算综合业务系统专用凭证

打印日期:2018-12-10　12:55:45   打印次数:1(自助打印,注意重复)

凭证 10.3

CPS来账凭证（客户入账回单）

业务类型：001　　　　　　　　业务编号：330056423143　　　　交易种类：XPS同城支付

发起行行号：212763000069　　　　　　发起行名称：中国建设银行奉贤支行

接收行行号：104295922705　　　　　　接收行名称：中国民生银行奉贤支行

收款人账号：0109014170014181　　　　收款人开户行行号：0109014170014181

收款人名称：上海千绿动力能源有限公司

汇款人账号：2127636962246261　　　　汇款人开户行行号：313290000029

汇款人名称：上海明浩企业发展有限公司

小写金额：CNY 150 000.00 元

大写金额：人民币壹拾伍万元整

附言：投资款

入账解付账号：0109014170014181　　　　　　处理日期：2018-12-10　13:16:50

入账户名：上海千绿动力能源有限公司

温馨提示：此回单为同城电子支付业务入账凭证，以取代原上海支付结算综合业务系统专用凭证

打印日期：2018-12-10　14:53:48　　　　　　打印次数：1(自助打印，注意重复)

凭证 11.1

千绿动力公司费用报销单

单据数：

日　　期		工作部门	
报销金额		姓　　名	
费用项目			
用　　途			
领导批示 贺华之印	财务审核 张健之印		部门审核 周志平印
会计 李诚信	出纳：赵彦晞		经办人：黄华

凭证 11.2

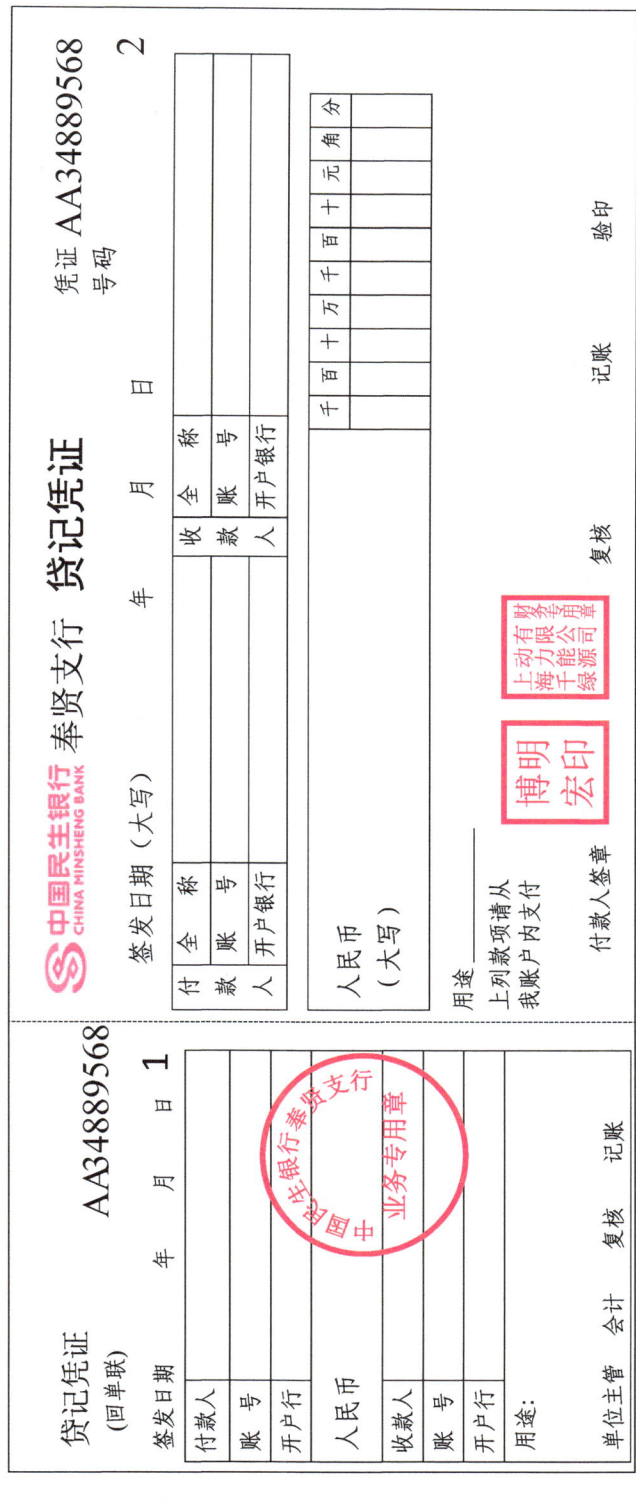

凭证 11.3

上海市国家税务局通用机打发票
发票联

发票代码 131001223361

开票日期：**2018-12-12**　　　　行业分类：**商业**　　　发票号码 17635983

付款单位名称：上海千绿动力能源有限公司付款				单位税号：310226560177589	
收款单位名称：上海瑞达贸易有限公司收款				单位税号：310176519893621	
商品编号	货物或劳务名称	单位	数量	单价	金额
	先锋暖风机 PT-0245	台	4	140.00	560.00
	公牛插座 OX-855	个	13	20.00	260.00

合计金额大写（人民币）：捌佰贰拾元整　　　　　　合计金额小写：820.00 元

开票人：许雯清　　收款人：程凡　　付款方式：转账　　开票单位（盖章）：

（印章：上海瑞达贸易有限公司　310176519893621　发票专用章）

第一联　发票联

凭证 11.4

千绿动力公司物品入库单

入库时间：				销货单位：			
序号	物品名称	数量	单位	单价	金额	购物人签字	备注
						黄华	
						黄华	
	合计						

审批人：周志平印　　　验收人：王江　　　经办人：黄华

凭证 11.5

千绿动力公司物品领用单

NO：20181125

使用部门：   年   月   日

序号	品名	规格型号	单位	数量	单价	金额	使用位置	备注
		合 计						

审批人：贾玮之印   领用人：徐萌萌   发放人：王 江

  注：本单一式三份，使用部门、财务部、资产部各执一份。

凭证 11.6

千绿动力公司物品领用单

NO：20181126

使用部门：   年   月   日

序号	品名	规格型号	单位	数量	单价	金额	使用位置	备注
		合 计						

审批人：贾玮之印   领用人：曹亮   发放人：王 江

  注：本单一式三份，使用部门、财务部、资产部各执一份。

凭证 12

CPS 来账凭证(客户入账回单)

业务类型:001　　　　　　　　业务编号:330056423141　　　　　交易种类:XPS 同城支付
发起行行号:310874172253　　　　发起行名称:中国建设银行徐汇支行
接收行行号:104295922705　　　　接收行名称:中国民生银行奉贤支行
收款人账号:0109014170014181　　收款人开户行行号:0109014170014181
收款人名称:上海千绿动力能源有限公司
汇款人账号:3202743018654408　　汇款人开户行行号:310874172253
汇款人名称:上海千禧投资有限合伙
小写金额:CNY 1 500 000.00 元
大写金额:人民币壹佰伍拾万元整
附言:投资款及投资溢价款
入账解付账号:0109014170014181
入账户名:上海千绿动力能源有限公司　　　　　　　处理日期:2018-12-12　　10:31:18
温馨提示:此回单为同城电子支付业务入账凭证,以取代原上海支付结算综合业务系统专用凭证
打印日期:2018-12-12　　15:27:31　　　　　　　打印次数:1(自助打印,注意重复)

凭证 13.1

310082560　　　　　上海增值税专用发票　　　　№12815636

开票日期　　　年　月　日

购买方	名　　称:		密码区	3<07645/53>928 + 8/78 *>656>*78720412>6** * >>+<8 78++4<434+2-1 +54*<+9-55/94878>>5+	加密版本: 01 3106093256 12345562
	纳税人识别号:				
	地址、电话:				
	开户行及账号:				

货物及应税劳务名称	规格型号	单位	数量	单价	金　额	税率	税　额
合　　计							

价税合计（大写）		（小写）

销售方	名　　称:	备注	
	纳税人识别号:		
	地址、电话:		
	开户行及账号:		

收款人: 赵彦晞　　复核: 王敏　　开票人: 李诚信　　销货单位:（章）

第一联:记账联 销售方记账凭证

75

凭证 13.2

产 品 出 库 单

仓库：产成品仓库 　　　　　　年　月　日 　　　　　　　　NO：2587641

购买方					发票号		发票日期：		
货号	名称	型号规格	单位	数　量		售价(不含税)		提货方式	
				发票	实付	单价	金额		
备　注									

仓库负责人：吴芷莟 　　　　　　保管员：方芸 　　　　　　收货人：张倩

三　财会

凭证 14

固定资产验收单

资产编号		资产名称			
规格(型号)		资产代码		入账日期	
数　量		单价(元)		金额(元)	
出厂日期	—	计量单位			
生产厂家		供应商	—		
安装(使用)地点		附件情况			
经手人签字：杨霞　　　　　　　　　年　月　日			验收人签字：袁洁　　　　　　　　　年　月　日		
使用单位 负责人签字：薛凯之印　　　　　　　年　月　日			资产管理部门 负责人签字：项福成印　　　　　　　年　月　日		
总经理签字： 验收日期：贺华之印　　　　　　　年　月　日					

注：此表一式三份，使用部门、资产部门、财务部门各一份。

凭证 15.1

电子缴款凭证

打印日期：2018 年 12 月 13 日　　　　　No. 201811138352006

纳税人识别号	310226560177589	税务征收机关	上海市奉贤区税务局
纳税人名称	上海千绿动力能源有限公司	收款国库	国家金库上海市奉贤区支库
开户银行	中国工商银行奉贤支行	银行账号	100178041930058697

系统税票号	税（费）种	税（品）目	所属时间	实缴金额	缴款日期
6231512232497493	个人所得税	工资、薪金所得	20181101-20181130	8 926.00	20181213
6231512232497493	城市维护建设税	市区	20181101-20181130	3 915.03	20181213
6231512232497493	地方教育费附加收入	地方教育费附加收入	20181101-20181130	1 118.58	20181213
6231512232497493	教育费附加收入	教育费附加收入	20181101-20181130	1 677.87	20181213
6231512232497493	增值税	商品销售（16％）	20181101-20181130	55 928.95	20181213
6231512232497493	河道管理费收入	河道工程修建维护管理费	20181101-20181130	559.29	20181213

------以下空白--------

金额合计(大写)柒万贰仟壹佰贰拾伍元柒角贰分　　　　　　¥72 125.72 元

本缴款凭证仅作为纳税人记账核算凭证使用,需与银行对账单电子划缴记录核对一致方有效。纳税人需开具完税证明,请凭税务登记证和有效身份证明,到主管税务机关开具《税收电子转账专用完税证》。

税务机关(电子章)

电子签名串　GkoIeoDOXBHJlYyforPppqumRRULyVALEqgj 4CK5BOAchc72x SehZU3PxF/qccq71ThT4gniQNoZUe/2kPTCdYYHIXVY/04917 ssR4pDfQtOHttjbRKdvNI76VitWi2k7SWU＋FROyMz3gzkv9pbm HoJbveSz3s7cnE6kJdVc=

凭证 15.2

电子缴款凭证

打印日期：2018 年 12 月 13 日　　　　　No. 201811138352007

纳税人识别号	310226560177589	税务征收机关	上海市奉贤区税务局
纳税人名称	上海千绿动力能源有限公司	收款国库	国家金库上海市奉贤区支库
开户银行	中国工商银行奉贤支行	银行账号	100178041930058697

系统税票号	税（费）种	税（品）目	所属时间	实缴金额	缴款日期
6231512232497494	个人所得税	滞纳金	20181101-20181130	22.32	20181213

------以下空白--------

金额合计(大写)贰拾贰元叁角贰分　　　　　　¥22.32

本缴款凭证仅作为纳税人记账核算凭证使用,需与银行对账单电子划缴记录核对一致方有效。纳税人需开具完税证明,请凭税务登记证和有效身份证明,到主管税务机关开具《税收电子转账专用完税证》。

税务机关(电子章)

电子签名串　BHJlYGkoIeoDOXyforPppqumRRULyVALEqgj 4CK5BOAchc72xSeh ZU3PxF/qccq71ThT4gniQNoZCdYYHIXVY/04917ssR4pDfQtOH ttjbRKdvNI76VitWi2k7SWU＋FROyMz3gzkv9pbmHoJbveSz3s7cn E6kJdVc=ppqumRUe/2kPT

凭证 15.3

ICBC ⑧ 中国工商银行 奉贤支行 **贷记凭证**

凭证 AA22689523
号码 2

签发日期（大写） 年 月 日

付款人	全 称	
	账 号	
	开户银行	

收款人	全 称	
	账 号	
	开户银行	

人民币
（大写）

千	百	十	万	千	百	十	元	角	分

用途：
上列款项请从
我账户内支付

付款人签章

博明宏印

上动有财海力限务千能公专绿源司用源司章

复核　记账　验印

贷记凭证
（回单联）

AA22689523
1

签发日期　年　月　日

付款人	
账　号	
开户行	

人民币	
收款人	
账　号	
开户行	

用途：

单位主管　合计　复核　记账

中国工商银行奉贤支行业务专用章

81

凭证 16.1

中国民生银行 CHINA MINSHENG BANK **单位业务委托书**

委托日期： 年 月 日　　　　NO. 01746759

业务类型	□电汇	□汇票申请	□本票申请	□其他_____

委托人	名　称		收款人	名　称	
	账　号			账　号	
	开户银行			开户银行	

金额	人民币（大写）	无需填写，以小写金额为准。	亿	千	百	十	万	千	百	十	元	角	分

上列账款请从账户内划出，支付给收款人。　　支付密码

申请人签章　[博明宏印]　[上海千绿能源有限公司财务专用章]

若加急，在备注中注明。

凭证 16.2

上海千绿动力公司资金支付审批表

请款部门：

请款人		时间	
请款金额	人民币（大写）	（小写）：	
支付形式	□现金　　□支票　　□汇款　　□本票　　□其他（电汇）		
资金使用说明			
对应合同号			
对应发票号	暂无		
对应物品入库单号	暂无		

支付明细	序号	用途	金额	收款单位（人）

部门经理审核	拟同意　签名：[周志平印]		年　月　日
财务部审核	拟同意　签名：[薛凯之印]		年　月　日
总经理审批	同意支付　签名：[贺华之印]		年　月　日

凭证 17.1

中国民生银行 CHINA MINSHENG BANK 单位业务委托书

委托日期： 年 月 日　　　　　　　　NO. 01746760

业务类型		□电汇	□汇票申请		□本票申请	□其他_____							
委托人	名　称			收款人	名　称								
	账　号				账　号								
	开户银行				开户银行								
金额	人民币（大写）			亿	千	百	十	万	千	百	十	元	角	分

上列账款请从账户内划出，支付给收款人。　　　　支付密码

申请人签章　[博明宏印]　[上海千绿能源有限公司财务专用章]

若加急，在备注中注明。

凭证 17.2

上海千绿动力公司资金支付审批表

请款部门：

请款人				时间	
请款金额	人民币（大写）			（小写）	
支付形式	□现金　　□支票　　□汇款　　□本票　　□其他（电汇）				
资金使用说明					
对应合同号					
对应发票号	暂无				
对应物品入库单号	暂无				
支付明细	序号	用途	金额	收款单位（人）	
部门经理审核	拟同意	签名：	[周志平印]	年 月 日	
财务部审核	拟同意	签名：	[薛凯之印]	年 月 日	
总经理审批	同意支付	签名：	[贺华之印]	年 月 日	

凭证 18.1

430052360　　　湖南增值税专用发票　　　№42657328

开票日期 2018 年 12 月 12 日

| 购买方 | 名　　　称：上海千绿动力能源有限公司
纳税人识别号：310226560177589
地址、电话：上海市奉贤区奉城镇灯民路676号 62910392
开户行及账号：中国民生银行奉贤支行0109014170014181 | 密码区 | 3<01244/53>928＋8/78
*>656>*78710412>6***
>>+<8－78++4<434+2-1
+54*<+9-55/94878>>5+ | 加密版本：01
3123493256
12367562 |

货物及应税劳务名称	规格型号	单位	数量	单价	金额	税率	税额
添加剂	2#	千克	100	705.30	70 530.00	16%	11 284.80
合　　计					¥70 530.00		¥11 284.80

| 价税合计（大写） | 捌万壹仟捌佰壹拾肆元捌角整 | （小写）¥81 814.80 元 |

| 销售方 | 名　　　称：长沙力元新材料股份有限公司
纳税人识别号：310396560176724
地址、电话：长沙市芙蓉区韶山北路263号 61310382
开户行及账号：中国银行长沙支行3105432698514586 | 备注 | 长沙力元新材料股份有限公司
310396560176724
发票专用章 |

收款人：刘文　　　复核：苏涛　　　开票人：陶夏　　　销货单位：（章）

第三联：发票联 购买方记账凭证

凭证 18.2

上海千绿动力能源有限公司
原材料入库单

仓库：　　　　　　　　　年　月　日　　　　　　NO:3508688

供货单位					附原凭　张		发票号		开票日期	
货号	名称	型号规格	单位	数　量		进货价（不含税）		验收损耗		
				发票	实收	单价	金额	数量	金额	
合　计										
注明采购方式			进项税费				用　途			
			合　计							

仓库负责人：王江　　　保管员：郑翔　　　交货人：张天祥

三 财会

凭证 19.1

贷记凭证
（回单联）   AA22689526   1

签发日期   年   月   日

付款人	全　称	
	账　号	
	开户行	

人民币
（大写）

收款人
账　号
开户行

用途：

单位主管　　会计　　复核　　记账

ICBC 中国工商银行 奉贤支行   凭证 AA22689526
号码

贷记凭证   2

签发日期（大写）   年   月   日

付	全　称		收	全　称	
款	账　号		款	账　号	
人	开户银行		人	开户银行	

	千	百	十	万	千	百	十	元	角	分

人民币
（大写）

用途：
上列款项请从
我账户内支付

付款人签章

复核　　记账　　验印

凭证 19.2

股权转让协议

出让方:上海锐超科技有限公司
受让方:上海千绿动力能源有限公司
标的公司:上海皑铭科技有限公司

根据《中华人民共和国公司法》第三十五条关于"股东之间可以相互转让其全部出资或者部分出资,股东向股东以外的人转让出资时,必须经全体股东过半数同意;不同意转让的股东应当购买该转让的出资,如果不购买该转让的出资,视为同意转让。经股东同意转让的出资,在同等条件下,其他股东对该出资有优先购买权"的规定和股东决议,现就出让方上海锐超科技有限公司向受让方上海千绿动力能源有限公司转让上海皑铭科技有限公司股权事宜订立如下条款:

一、上海锐超科技有限公司股东将原出资 7 万元(占公司注册资本的 7%)的全部 7 万元转让给上海千绿动力能源有限公司,转让金额为 7 万元 另外受让方还需支付出让方标的公司上海皑铭科技有限公司已宣告但尚未发放的 7 000 元现金股利。

二、转让金额 7 万元及现金股利 7 000 元应于 2018 年 12 月 15 日前,合计金额 7.7 万元由受让方全部通过银行支付给出让方。

三、至 2018 年 12 月 15 日止,标的公司债权债务已核算清楚,无隐瞒,转让双方均已认可。从 2018 年 12 月 15 日起(受让方)成为标的公司的股东,承认修改后的标的公司章程,享有股东权益,并按《中华人民共和国公司法》第三条规定承担责任。

四、标的公司红利的收益按合同签订之日计算,出让方享有转让前的红利,受让方享有转让后的红利。

五、(转让方)股东自转让之日起,不再是公司股东,不得以公司的名义对外从事任何活动。

六、合同如发生纠纷,双发协商,协商不成时由仲裁机构仲裁或向人民法院起诉。

七、其他约定条款。

八、本合同一式四份,交工商登记机关一份,股东各持一份,公司存档一份,均具有同等法律效力。

九、本合同自出让方和受让方签字之日起生效。

出让方:上海锐超科技有限公司　　　　　　　　　　　　2018 年 12 月 10 日

受让方:上海千绿动力能源有限公司　　　　　　　　　　2018 年 12 月 10 日

标的公司名称:上海皑铭科技有限公司　　　　　　　　　2018 年 12 月 10 日

凭证 19.3

上海千绿动力公司资金支付审批表

请款部门：

请款人		时间	
请款金额	人民币（大写）	（小写）	
支付形式	□现金　　　□支票　　　汇款□　　　□本票　　　□其他（贷记凭证）		
资金使用说明			
对应合同号			
对应发票号			
对应物品入库单号			

支付明细	序号	用途	金额	收款单位（人）
	合计			

部门经理审核	拟同意	签名：	项福成印	年　　月　　日
财务部审核	拟同意	签名：	薛凯之印	年　　月　　日
总经理审批	同意支付	签名：	贺华之印	年　　月　　日

凭证 20.1

上海市国家税务局通用机打发票

发 票 联

发票代码 131001223361

开票日期：**2018-12-14**　　　　行业分类：商业　　　发票号码 **17635890**

付款单位名称：上海千绿动力能源有限公司	付款单位税号：310226560177589
收款单位名称：上海安心设备维修有限公司	收款单位税号：310226576897431

商品编号	货物或劳务名称	单位	数量	单价	金额
	极片设备维护	次	1	1 133.20 元/次	1 133.20 元
	装配设备维护	次	1	820.60 元/次	820.60 元

现金收讫

第一联　发票联

合计金额大写（人民币）：壹仟玖佰伍拾叁元捌角整　　　合计金额小写：1 953.80 元

开票人：王洁　　收款人：汪诗诗　　付款方式：现金　　开票单位（盖章）：

凭证 20.2

千绿动力公司费用报销单

单据数：

日　　期		工作部门	
报销金额		姓　　名	
费用项目			
用　　途			
领导批示 贺华之印	财务审核 张健之印		部门审核 贾玮之印
会计 李诚信	出纳 赵彦晞		领款人：陈洁

凭证 21

银行借款利息计算表

单位:元

借款银行名称	借款金额	利息率	起息日	止息日	计息天数	计提金额	备注
合　计			薛凯之印				

凭证 22

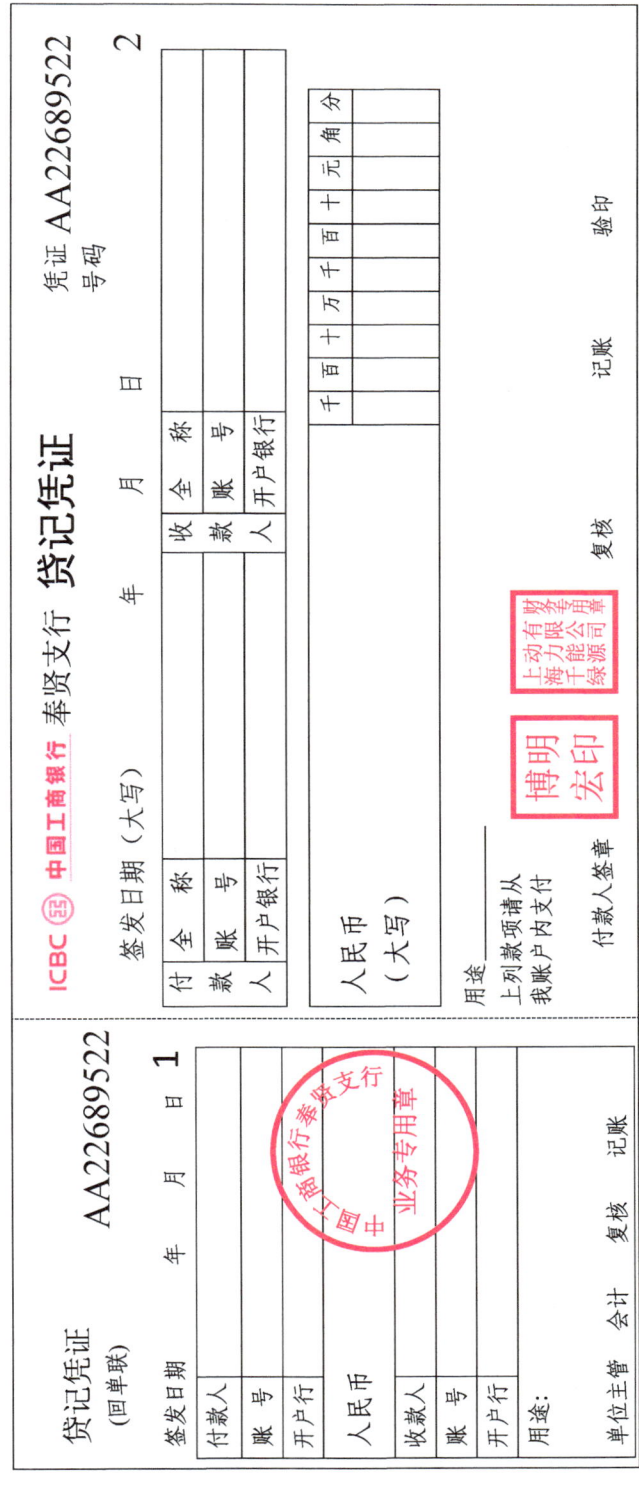

97

凭证 23.1

上海市国家税务局通用机打发票

发票联

发票代码 **131001225562**

开票日期：**2018-12-13**　　　　行业分类：服务业　　　发票号码 **25833321**

付款单位名称：上海千绿动力能源有限公司	付款单位税号：310226560177589
收款单位名称：上海陆鸣建筑装潢有限公司	收款单位税号：310316571997581

商品编号	货物或劳务名称	单位	数量	单价	金额
	装修改造工程款	次	1	150 000.00 元/次	150 000.00 元

合计金额大写（人民币）：壹拾伍万元整　　　　　　合计金额小写：150 000.00 元

开票人：陆明　　收款人：薛雪　　付款方式：转账　　开票单位（盖章）：

第一联　发票联

凭证 23.2

付 款 通 知 书

上海千绿动力能源有限公司：

　　贵司于 2018 年 4 月与我司签订研发中心装修改造工程合同（NO：201804135），根据合同约定，合同总额：人民币 50 万元，依照合同规定第 4 条的第 2 点，贵公司于 2018 年 12 月 15 日前按总价 30％支付第二期工程款，人民币壹拾伍万元整，￥150 000.00 元。

　　根据合同规定，第二期工程进度已经验收完毕，来函特请贵司尽快按双方约定付款，非常感谢！

　　敬祝商祺！

收款银行账户信息：
收款人：上海陆鸣建筑装潢有限公司
收款银行：中国农业银行上海浦东支行
收款账号：45260478-02154025

上海陆鸣建筑装潢有限公司（盖公章）
2018-12-13

凭证 24.1

254082560　　　江苏增值税专用发票　　　№35475938

发票联

开票日期：2018 年 12 月 15 日

| 购买方 | 名　称：上海千绿动力能源有限公司
纳税人识别号：310226560177589
地址、电话：上海市奉贤区奉城镇灯民路 676 号 62910392
开户行及账号：中国民生银行奉贤支行 0109014170014181 | 密码区 | 3<01244/53>928+8/78
*>656>*78710412>6***
>>+<8-78++4<434+2-1
+54*<+9-55/94878>>5+ | 加密版本：
3123493256
12367562 |

货物及应税劳务名称	规格型号	单位	数量	单价	金额	税率	税额
AA 密封圈	13.7×12.7	个	20 000	0.80	16 000.00	16%	2 560.00
1/2D 型钢壳	32.2×31.2×35.5	个	1 200	2.86	3 432.00	16%	549.00
包装材料		个	500	160.00	80 000.00	16%	12 800.00
合计					¥99 432.00		¥15 909.12

| 价税合计（大写） | 壹拾壹万伍仟叁佰肆拾壹元壹角贰分 | （小写）¥115 341.12 元 |

| 销售方 | 名　称：泰兴振兴电子有限公司
纳税人识别号：313396560179272
地址、电话：泰兴市东部新区东润路 232 号 53410562
开户行及账号：工行银行泰兴支行 3101065043359431 | 备注 | 泰兴振兴电子有限公司
313396560179272
发票专用章 |

收款人：施杰　　复核：杨军　　开票人：史晓雯　　销货单位：（章）

第三联：发票联　购买方记账凭证

凭证 24.2

上海千绿动力能源有限公司
原材料入库单

仓库：　　　　　　　　　年　　月　　日　　　　　　NO：3508689

供货单位				发票号		发票日期		
货号	名称	型号 规格	单位	数　量		进货价		验收损耗	
				发票	实收	单价	金额	数量	金额
								—	—
								—	—
								—	—
注明采购方式			进项税费					用　途	
			合　　计						

仓库负责人：王江　　　　保管员：郑翔　　　　交货人：徐华

三　财会

101

凭证 25

上海千绿动力能源有限公司
2018 年度固定资产盘盈（盘亏）申请表

时间:2018 年 12 月 13 日		文本编号:20180618	
资产名称	复印机	资产规格型号	夏普 MX-235CT
计量单位及数量	1 台	所在地点	财务部
原值、评估值(元)	15 000	折旧年限	5 年
已提折旧		开始使用日期	2018.12
净值、折旧值		实际使用年限	
账实不符类别	盘盈(√)盘亏(　)其他(　)		
盘盈(盘亏)原因	年初,本公司与股东单位中国科学院湖北微系统与信息技术研究所合作研发项目时,此台复印机由对方提供我单位研发团队使用,现项目已于 2018 年 10 月顺利结束,合作单位口头回复不再回收上述复印机,可由我单位自行支配使用。 使用部门:财务部　　[张健之印] 2018 年 12 月 13 日		
资产部审查意见	情况属实　[项福成印] 2018 年 12 月 14 日		
财务部门意见	建议暂按盘盈固定资产待处理,等报经批准后再作进一步处理。 按照《小企业会计准则》要求,盘盈固定资产净收益记入"营业外收入" 科目,增加本期利润 15 000 元。　[薛凯之印] 2018 年 12 月 14 日		
总经理审批意见	同意财务部处理意见,提请董事长批准 [贺华之印] 2018 年 12 月 15 日		
董事长审批意见	同意作盘盈处理 [博宏明印] 2018 年 12 月 16 日		

注:本表一式三份,审批后,使用部门一份,资产部门一份,财务部门一份。

凭证 26.1

CPS来账凭证(客户入账回单)

业务类型:001　　　　　业务编号:330056423145　　　　　交易种类:XPS同城支付
发起行行号:313290000029　　　　　发起行名称:中国银行股份有限公司
接收行行号:104295922705　　　　　接收行名称:中国民生银行奉贤支行
收款人账号:0109014170014181　　　　　收款人开户行行号:0109014170014181
收款人名称:上海千绿动力能源有限公司
汇款人账号:87500251794085　　　　　汇款人开户行行号:313290000029
汇款人名称:上海万源技术发展有限公司
小写金额:CNY750 834.00 元
大写金额:柒拾伍万零捌佰叁拾肆元整
附言:技术转让款
入账解付账号:0109014170014181　　　　　处理日期:2018-12-18 09:42:23
入账户名:上海千绿动力能源有限公司
温馨提示:此回单为同城电子支付业务入账凭证,以取代原上海支付结算综合业务系统专用凭证
打印日期:2018-12-18　09:53:35　　　　　打印次数:1(自助打印,注意重复)

凭证 26.2

上海千绿动力能源有限公司
相关的技术转让的税金及附加税费计算过程表

申报税种	税款属期	计税依据	税率	应纳税额(元)
技术转让收入				
应交税费及附加				
1. 增值税				
2. 城市维护建设税				
3. 教育费附加				
4. 地方教育附加				
5. 河道管理费				
应交税费及附加合计				

凭证 27.1

365082560　　　安徽增值税专用发票　　　№85215639

发票联

开票日期 2018 年 12 月 17 日

购买方	名　称：上海千绿动力能源有限公司 纳税人识别号：310226560177589 地址、电话：上海市奉贤区奉城镇灯民路 676 号 62910392 开户行及账号：中国民生银行奉贤支行 0109014170014181	密码区	3<01244/53>928＋8/78 *>656>*78710412>6*** >>+<8－78++4<434+2-1 +54*<+9-55/94878>>5	加密版本：01 3123493256 12367562

货物及应税劳务名称	规格型号	单位	数量	单价	金额	税率	税额
焊杯		个	20 000	4.98	99 600.00	16%	15 936.00
合　　计					¥99 600.00		¥15 936.00

价税合计（大写）	壹拾壹万伍仟伍佰叁拾陆元整	¥115 536.00 元

销售方	名　称：安徽亚兰德新能源材料有限公司 纳税人识别号：313374560125772 地址、电话：合肥市经济开发区翡翠路 273 号 63511962 开户行及账号：中国农业银行合肥支行 3117985043659431	备注	安徽亚兰德新能源材料有限公司 313374560125772 发票专用章

收款人：高翔　　　复核：顾涛　　　开票人：陆天　　　销货单位：（章）

第三联：发票联　购买方记账凭证

凭证 27.2

上海千绿动力能源有限公司
原材料入库单

仓库：　　　　　　　　年　月　日　　　　　　NO：3508690

供货单位				发票号		发票日期			
货号	名称	型号规格	单位	数　量		进货价		验收损耗	
				发票	实收	单价	金额	数量	金额
注明采购方式			进项税费					用　途	
			合　计						

仓库负责人：王江　　　　保管员：郑翔　　　　交货人：张倩

三　财会

107

凭证 27.3

银行承兑汇票

凭证号码 AA22689521

2

出票日期（大写）贰零壹捌年壹拾贰月壹拾捌日

出票人	全　称	上海千绿动力能源有限公司	收款人	全　称	安徽亚兰德新能源材料有限公司
	账　号	1001780419300558697		账　号	3117985043659431
	付款银行	中国工商银行奉贤支行		开户银行	中国农业银行合肥支行

出票金额：人民币		千	百	十	万	千	百	十	元	角	分
（大写）壹拾壹万陆仟伍佰叁拾贰元整	¥	1	1	6	5	3	2	0	0

汇票到期日（大写）	贰零壹玖年零叁月壹拾捌日	付款行	行号	103359605763 电话 021-57102756
承况协议编号	0135684254668712266		地址	上海市南桥镇南中路48号

本汇票请你行承兑，到期无条件付款。

博明宏印

本汇票到期日由本行付款。
承兑行签章
承兑日期　　年　月　日

密押
F5C465A535HJY4789
复核　　　记账

出票人签章

备　注

凭证 28.1

310082560　　上海增值税专用发票　　№12815637

发票联

开票日期　　年　月　日

购买方	名　　称：		密码区	3<07784/53>928＋8/78	加密版本：01
	纳税人识别号：			*>656>*72710412>6***	3101193256
	地址、电话：			>>+<8－78++4<434+2-1	12327562
	开户行及账号：			+54*<+9-55/94878>>5+	

货物及应税劳务名称	规格型号	单位	数量	单价	金额	税率	税额
合计							

价税合计（大写）	（小写）¥

销售方	名　　称：		备注	
	纳税人识别号			上海千绿动力能源有限公司
	地址、电话：			310226560177589
	开户行及账号：			发票专用章

收款人：赵彦晓　　复核：王敏　　开票人：李诚信　　销货单位：（章）

第三联：发票联 购买方记账凭证

凭证 28.2

上海千绿动力能源有限公司
产品出库单

仓库：　　　　　　　　　　年　月　日　　　　　　NO:2018075214

购买方		发票号			发票日期		
货号	名称	型号规格	单位	数量		成本		提货方式

货号	名称	型号规格	单位	数量 发票	实付	单价	金额	提货方式
备注								

三 财会

仓库负责人：吴芷 著印　　　　　　保管员：方芸　　　　　　收货人：张倩

凭证 29.1

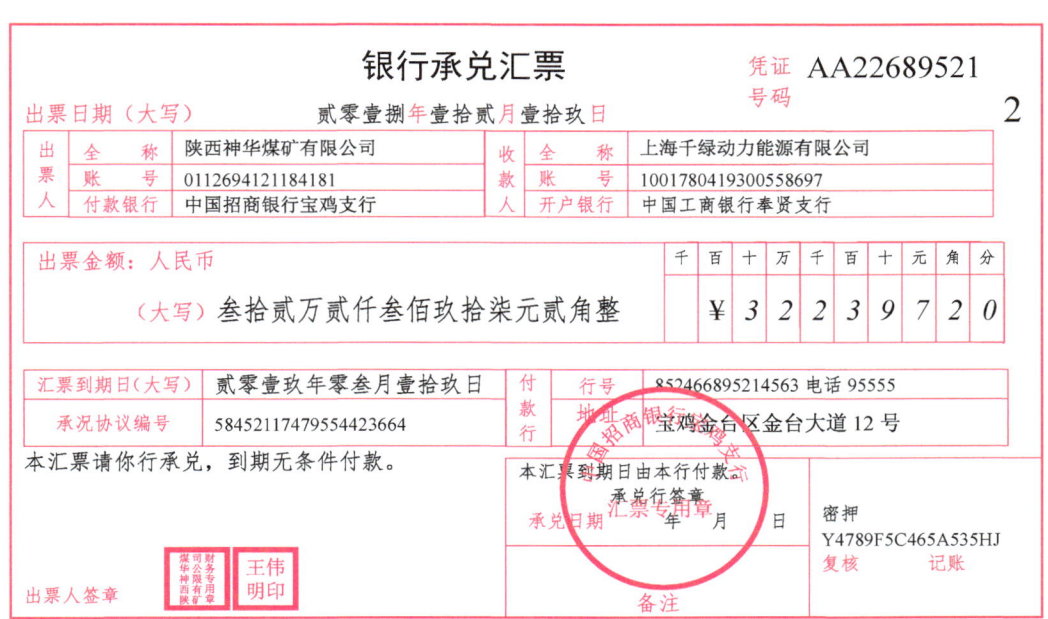

银行承兑汇票

凭证号码　AA22689521

2

出票日期（大写）　贰零壹捌年壹拾贰月壹拾玖日

出票人	全 称	陕西神华煤矿有限公司	收款人	全 称	上海千绿动力能源有限公司
	账 号	0112694121184181		账 号	1001780419300558697
	付款银行	中国招商银行宝鸡支行		开户银行	中国工商银行奉贤支行

出票金额：人民币

（大写）叁拾贰万贰仟叁佰玖拾柒元贰角整

千	百	十	万	千	百	十	元	角	分
	¥	3	2	2	3	9	7	2	0

汇票到期日（大写）	贰零壹玖年零叁月壹拾玖日	付款银行	行号	852466895214563 电话 95555
承况协议编号	58452117479554423664		地址	宝鸡金台区金台大道12号

本汇票请你行承兑，到期无条件付款。

本汇票到期日由本行付款
承兑行签章
承兑日期　年　月　日

密押
Y4789F5C465A535HJ
复核　　记账

出票人签章　王伟明印

备注

111

凭证 29.2

上海增值税专用发票

310082560　　　　　　　　　　　　　　№12815638

记 账 联

开票日期　　年　月　日

| 购买方 | 名　　　　称：
纳税人识别号：
地　址、电　话：
开户行及账号： | | | | | 密码区 | 3<07645/53>928＋8/78
*>656>*78720412>6**
*
>>+<8
78++4<434+2-1
+54*<+9-55/94878>>5+ | | 加密版本：01
3106093256　—
12345562 |

货物及应税劳务名称	规格型号	单位	数量	单价	金　额	税率	税　额
合　计							

价税合计（大写）		（小写）

销售方	名　　　　称： 纳税人识别号： 地　址、电　话： 开户行及账号：	备注

收款人：赵彦晞　　　　复核：王敏　　　　开票人：李诚信　　　销货单位：（章）

第一联：记账联 销售方记账凭证

凭证 30

上海千绿动力能源有限公司
财产物资盘盈盘亏表

年　　月　　日

名称	规格	单位	单价	账面数		清点数		盘　盈		盘　亏		备注
				数量	金额	数量	金额	数量	金额	数量	金额	
合　计												

使用部门：陈婷　　　　财务部监盘：张健之印　　　　盘点人：施静静

113

凭证 31

上海千绿动力能源有限公司
2018 年度固定资产盘盈（盘亏）申请表

时间：2018 年 12 月 20 日　　　　　　　　　　　　　　文本编号：20180619

资产名称	笔记本电脑	资产规格型号	联想 ThinkPadE431
计量单位及数量	1 台	所在地点	销售部
原值、评估值（元）	3 899.00	折旧年限	3 年
已提折旧	617.30	开始使用日期	2018 年 6 月
净值、折旧值	3 281.70	实际使用年限	6 个月
账实不符类别	盘盈（　）　盘亏（√）　其他（　）		
盘盈（盘亏）原因	原为销售部人员张亚东使用，后由于本年国庆期间管理不善造成此手提电脑丢失，但相关使用人员已经离职，无法联系查明原因，只能行使报损手续 　　使用部门：销售部　　【陈婷之印】 　　　　　　　　　　　　　　　　　2018 年 12 月 20 日		
资产部审查意见	情况属实 　【项福成印】 　　　　　　　　　　　　　　　　　2018 年 12 月 20 日		
财务部门意见	建议暂按盘亏固定资产待处理，等报经批准后再作进一步处理。 按照《小企业会计准则》要求，盘亏固定资产净收益记入"营业外支出"科目，减少本期利润 3 281.70 元。 　【薛凯之印】 　　　　　　　　　　　　　　　　　2018 年 12 月 20 日		
总经理审批意见	同意财务部处理意见，提请董事长批准 　【贺华之印】 　　　　　　　　　　　　　　　　　2018 年 12 月 20 日		
董事长审批意见	同意按盘亏处理 　【博宏明印】 　　　　　　　　　　　　　　　　　2018 年 12 月 20 日		

注：本表一式三份，审批后，使用部门一份，资产部门一份，财务部门一份。

凭证 32.1

310052360 　　　　湖南增值税专用发票 　　　№42657342

发票联

开票日期 2018 年 12 月 18 日

购货单位	名　　　称：	上海千绿动力能源有限公司				密码区	3<01244/53>928＋8/78 *>656>*78710412>6*** >>+<8－78++4<434+2-1 +54*<+9-55/94878>>5+	加密版本：01 3123493256 12367562
	纳税人识别号：	310226560177589						
	地址、电话：	上海市奉贤区奉城镇灯民路 676 号 62910392						
	开户行记账号：	中国民生银行奉贤支行 0109014170014181						

货物及应税劳务名称	规格型号	单位	数量	单价	金　额	税率	税　额
D型密封圈	Φ29.2×31.2×5.1	千克	8 000	0.54	4 320.00	16%	691.20
合　计					¥4 320.00		¥691.20

价税合计（大写）	伍仟零壹拾壹元贰角整	（小写）¥5 011.20 元

销售单位	名　　　称：	长沙力元新材料股份有限公司	备注
	纳税人识别号：	310396560176724	
	地址、电话：	长沙市芙蓉区韶山北路 263 号 61310382	
	开户行记账号：	中国银行长沙支行 3105432698514586	

长沙力元新材料股份有限公司
310396560176724
发票专用章

收款人：刘文　　　复核：苏涛　　　开票：陶夏　　　销货单位：（章）

第三联：发票联　购买方记账凭证

凭证 32.2

上海千绿动力能源有限公司
原材料入库单

仓库：　　　　　　　　　　年　　月　　日　　　　　　　NO:3508690

供货单位				发票号			发票日期	
货号	名称	型号规格	单位	数　　量		进货价	验收损耗	
				发票	实收	单价	金额	数量	金额
注明采购方式			进项税费				用　途	
			合　计					

三　财会

仓库负责人：王江　　　　保管员：郑翔　　　　交货人：郑翔

117

凭证 33

CPS 来账凭证（客户入账回单）

业务类型：001　　　　　　　业务编号：330056423149　　　　交易种类：XPS 异地支付
发起行行号：310540036829　　　　发起行名称：中国银行扬州分行
接收行行号：104295922705　　　　接收行名称：中国民生银行奉贤支行
收款人账号：0109014170014181　　收款人开户行行号：0109014170014181
收款人名称：上海千绿动力能源有限公司
汇款人账号：3105426398514856　　汇款人开户行行号：310540036829
汇款人名称：扬州润弘机电有限公司
小写金额：CNY123 480.00 元
大写金额：壹拾贰万叁仟肆佰捌拾元整
附言：货款
入账解付账号：0109014170014181　　　　　　　　　　处理日期：2018-12-22 16：15：32
入账户名：上海千绿动力能源有限公司
温馨提示：此回单为电子支付业务入账凭证，以取代原支付结算综合业务系统专用凭证
打印日期：2018-12-22　16：25：12　　　　　　　　打印次数：1（自助打印，注意重复）

凭证 34

上海千绿动力能源有限公司
固定资产处置申请表

年　　月　　日

固定资产名称	原　价	累计折旧	净　值	处置原因
使用部门意见： 情况属实。	资产部意见：	财务部意见：	总经理意见：	

凭证 35

上海千绿动力能源有限公司
固定资产处置申请表

2018 年 12 月 21 日

固定资产名称	原 价	累计折旧	净 值	处置原因
除尘式砂轮机 （规格 mc3030）	8 300.00	1 445.62	6 854.38	核心部件损坏，维修成本过高，提请提前报废旧设备后新购一台
使用部门意见： 情况属实。 贾玮之印 2018.21.22	资产部意见： 情况属实。 项福成印 2018.12.22	财务部意见： 同意按报废处置结转营业外支出。 薛凯之印 2018.12.22	总经理意见： 同意财务部门处置意见。 贺华之印 2018.12.22	

凭证 36. 1

千绿动力公司费用报销单

单据数：

日　期		工作部门	
报销金额		姓　名	
费用项目			
用　途			
领导批示	贺华之印	财务审核　张健之印	部门审核　贾玮之印
会计　李诚信		出纳：赵彦晞	领款人：王月江

凭证 36.2

江苏省国家税务局通用机打发票

发 票 联

发票代码 131001256334

开票日期：**2018-12-23**　　　　　　　行业分类：商业　　　　发票号码 17635586

付款单位名称：上海千绿动力能源有限公司	付款单位税号：310226560177589
收款单位名称：苏州品全新材料股份有限公司	收款单位税号：310234584632148

商品编号	货物或劳务名称	单位	数量	单价	金额
	零配件（304）	个	25	69.796 元/个	1 744.90 元
	零配件（507）	个	18	/8.26 元/个	1 408.68 元

合计金额大写（人民币）：叁仟壹佰伍拾叁元伍角捌分　　　合计金额小写：3 153.58 元

开票人：范清　　　收款人：徐辰　　　付款方式：转账　　　开票单位（盖章）：

第一联　发票联

凭证 36.3

ICBC 中国工商银行 单位业务委托书

委托日期：　　年　　月　　日　　NO.01746664

业务类型	□电汇	□汇票申请	□本票申请	□其他＿＿＿＿＿＿

委托人	名　称		收款人	名　称	
	账　号			账　号	
	开户银行			开户银行	

金额	人民币（大写）	无需填写，以小写金额为准。	亿	千	百	十	万	千	百	十	元	角	分

上列账款请从账户内划出，支付给收款人。　　　　支付密码

申请人签章

若加急，在备注中注明。

凭证 37.1

千绿动力公司费用报销单

单据数：

日　　期		工作部门	
报销金额		姓　　名	
费用项目			
用　　途			

领导批示	贺华之印	财务审核	张健之印	部门审核	贾玮之印

会计	李诚信	出纳：	赵彦晞	领款人：	贾玮之印

凭证 37.2

贷记凭证
(回单联)

AA22689613   1

签发日期　　　年　　月　　日

付款人
账　号
开户行

收款人
账　号
开户行

人民币

用途：水费

单位主管　　　　　　　　　　　会计　　　复核　　　记账

（印章：中国工商银行奉贤支行 业务专用章）

ICBC 🏛 中国工商银行 奉贤支行

贷记凭证

凭证 AA22689530
号码

签发日期（大写）　　　年　　月　　日

付款人
全称
账号
开户银行

收款人
全称
账号
开户银行

人民币
（大写）

千百十万千百十元角分

用途
上列款项请从
我账户内支付

付款人盖章

（印章：上动有财 海力限公务 干能司用 绿源章 博明宏印）

复核　　　记账　　　验印

2

凭证 37.3

贷记凭证（回单联） AA22689531 ①

贷记凭证（回单联）		
签发日期	年 月 日	1

付款人 全称

账号

开户行

收款人 全称

账号

开户行

人民币（大写）

用途：电费

单位主管 会计 复核 记账

（印章：中国工商银行奉贤支行 业务专用章）

ICBC ⑧ 中国工商银行 奉贤支行 贷记凭证 凭证 AA22689531 ②
号码

签发日期（大写）	年 月 日

付款人 全称

账号

开户行

收款人 全称

账号

开户行

人民币（大写）

千	百	十	万	千	百	十	元	角	分

用途：
上列款项请从
我账户内支付

付款人盖章

（印章：博明宏印）

（印章：上动有财海力限务千能公绿源司用章）

复核 记账 验印

129

凭证 37.4

工商登记号：310110000760059 　　　　　发票代码：131011557219
税务登记号：310226301691493 　　　　　发票号码：06523890

上海自来水奉贤有限公司
发 票 联

账号：495153025 　　　　　　　　　　　　　　2018 年 12 月
户名：上海千绿动力能源有限公司（车间）　　　下次抄表：2018.02.26
用水地址：上海市奉贤区奉城镇灯民路 676 号（车间）　抄表册号：329136
用水性质：非居民用水 　　　　　　　　　　　　抄 表 员：邱振华

供水	本月超见数 43122		抄表状态	正常
	本次用水量（立方米）		单价（元）	金额（元）
	134		3.15	422.10
排水	126		2.85	359.10
本次合计用水量（立方米）	134		上期零头结转	0
本月应付用水费（元）	¥781.20		本期零头结转	0
备注：				

开票日期：2018.12.4 　　　　　　　　　　　付款期限：2018.1.09

凭证 37.5

工商登记号：310112345700571 　　　　　发票代码：131032588833
税务登记号：310226777691369 　　　　　发票号码：08320874

上海市电力公司　　　95598
发 票 联

账号：003578413 　　　　　　　　　　　　　　本月抄表：07 日
户名：上海千绿动力能源有限公司（车间）　　　下月抄表：07 日
地址：上海市奉贤区奉城镇灯民路 676 号（车间）　　2018 年 12 月
统分号：A645A3-045 　　　　　　　　　　　　抄 表 员：郑琳

上月抄见数	本月抄见数	倍率	用电量（千瓦时）	单价（元）	金额（元）
30 777	32 875	1	2 098	0.895	1 877.70

上月结转零头　　0.08 元　　本月结转零头　　0.09
本月应付电费　1 877.70 元　　本月开票实付电费 1 877.70 元

本月开票实付电费大写：壹仟捌佰柒拾柒元柒角整

凭证 38.1

上海千绿动力能源有限公司
固定资产/无形资产购置申请表

申请部门			申请时间			
资产类型	固定资产（ ） 无形资产（ ）					
资产名称	规格型号	单位	数量	预计单价(不含税)		预计总价(不含税)
总　计						
申请人	施静静	部门经理审批意见：	拟同意 项福成印	财务总监审批意见		拟同意 薛凯之印
	年　月　日		年　月　日			年　月　日
总经理意见	同意 贺华之印				年　月　日	

凭证 38.2

210082560　　　江苏增值税专用发票　　　№36515643

发 票 联

开票日期 2018 年 12 月 22 日

| 购买方 | 名　　称：上海千绿动力能源有限公司 纳税人识别号：310226560177589 地址、电话：上海市奉贤区奉城镇灯民路 676 号 62910392 开户行及账号：中国民生银行奉贤支行 0109014170014181 | 密码区 | 3<01244/53>928＋8/78 *>656>*78710412>6*** >>+<8－78++4<434+2-1 +54*<+9-55/94878>>5+ | 加密版本：01 3123493256 12367562 |

货物及应税劳务名称	规格型号	单位	数量	单价	金额	税率	税额
镍氢电池生产线	KM305	套	1	380 000	380 000.00	16%	60 800.00
合　计					¥380 000.00		¥60 800.00

| 价税合计（大写） | 肆拾肆万零捌佰元整 | （小写）440 800.00 元 |

| 销售方 | 名　　称：镇江赛福特机械设备有限公司 纳税人识别号：310379518177589 地址、电话：镇江市京口区宗泽路 357 号 63720392 开户行及账号：中国民生银行镇江支行 0185714170112181 | 备注 | 镇江赛福特机械设备有限公司 310226560177589 发票专用章 |

收款人：袁天　　复核：戴晨溪　　开票人：陆家卿　　销货单位：（章）

第三联：发票联　购买方记账凭证

凭证 38.3

固定资产验收单

资产编号		资产名称			
规格(型号)		资产代码		入账日期	
数　量		单价(元)		金额(元)	
出厂日期		计量单位			
生产厂家			供应商		
安装(使用)地点			附件情况		

经手人签字：郭天 　　　　　　　　　年　　月　　日	验收人签字：曹亮 　　　　　　　　年　　月　　日
使用单位 负责人签字：【贾玮之印】 　　　　　　　　　年　　月　　日	资产管理部门 负责人签字：【薛凯之印】 　　　　　　　年　　月　　日
总经理签字： 验收日期：【贺华之印】 　　　　　　　　　年　　月　　日	

注：此表一式三份，使用部门、资产部门、财务部门各一份。

凭证 39.1

工会经费收入专用收据

版本号：沪国工会财

开票日期	年　月　日	NO：	2018001234789
缴款单位			

工会经费收入项目	内　容	金　额	备　注
			【上海千动动力能源有限公司工会委员会财务专用章】

金额合计(大写)：			￥：
制单日期：		开票人：张林林	

凭证 39.2

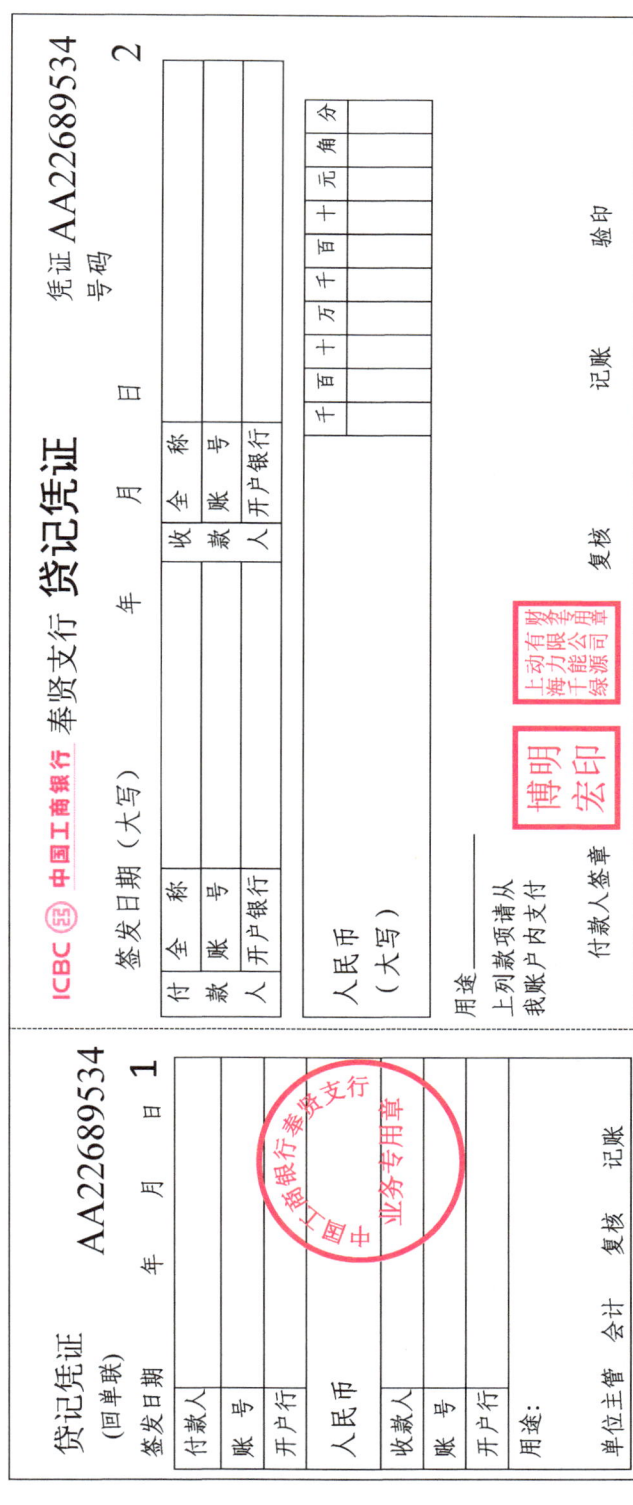

137

凭证 39.3

中国工商银行上海奉贤支行扣缴税（费）专用凭证　　　　　　　　　　　　　　No：2018244568

工作日期：2018-12-25　　　　　　　　　支付流水：20184578932556
票据种类：工会经费收入专用收据　　　　　凭证号 3245775
付款账号：1001780419300558697
付款户名：上海千绿动力能源有限公司
收款账号 2127183463659297　　　　　　　收款户名：上海市总工会
收款金额：人民币肆仟陆佰壹拾肆元陆角贰分
小写：￥4 614.62 元

附注：所属期：2018 年 11 月
另应划拨本单位工会（60％）6 921.92 元，
人民币陆仟玖佰贰拾壹元玖角贰分
凭此专用收据及银行相关票据依法在企业所得税前扣除，40％和60％部分不另开收据。
付款单位税务代码：310226560177589
打印日期：2018-12-25
此凭证为中国工商银行上海奉贤支行扣缴税（费）凭证使用

说明：
　1. 银行自助柜员机打印凭证套印银行收讫章方为有效；
　2. 银行柜面打印凭证加盖银行收讫章有效；
　3. 单位工会（60％）自留部分，凭此专用凭证及银行相关票据依法在企业所得税前扣除。

凭证 40

上海千绿动力能源有限公司
年　　　月工资费用分配表（车间管理）

内容	部门	人数	所属科目	金额（元）
工资				
工资				
合计	—		—	

年　　月　　日

凭证 41

上海千绿动力能源有限公司
年　　　月工奖金、津贴和补贴分配表(车间管理)

内容	部门	人数	所属科目	金额(元)
合　计	—		—	

年　　月　　日

凭证 42

上海千绿动力能源有限公司
年　　　月社会保险费分配表(车间管理)

内容	计提比例	部门	人数	所属科目	金额(元)
合计	—			—	

年　　月　　日

凭证 43

上海千绿动力能源有限公司
年　　　月预提住房公积金计算表(车间管理)

内容	依据	计提比例	部门	人数	所属科目	金额(元)
合计		—	—		—	

年　　月　　日

凭证 44

上海千绿动力能源有限公司
2018 年 12 月工资费用分配表(管理部门)

内容	部门	人数	所属科目	金额(元)
工资	领导班子	4	管理费用(工资)	38 040.30
工资	办公室	5	管理费用(工资)	21 547.14
工资	财务部	5	管理费用(工资)	18 546.25
工资	采购部	6	管理费用(工资)	17 548.78
工资	销售部	6	管理费用(工资)	12 548.89
工资	资产部	3	管理费用(工资)	9 854.66
工资	人事部	3	管理费用(工资)	10 360.05
工资	仓库人员	3	管理费用(工资)	10 082.39
合计	—	35		138 528.46

2018 年 12 月 26 日

凭证 45

上海千绿动力能源有限公司
年　　月预提社会保险费计算表(管理部门)

内　容	依据	计提比例	部门	人数	所属科目	金额(元)
合　计		—	—			

年　　月　　日

凭证 46

上海千绿动力能源有限公司
年　　　月预提住房公积金计算表（管理部门）

内　　容	依据	计提比例	部门	人数	所属科目	金额（元）
合　计		—	—		杨颖之印	

年　　月　　日

凭证 47

上海千绿动力能源有限公司
年　　　月预提工资、社会保险费及
住房公积金计算表（研发部门）

内容	计提比例	部门	人数	所属科目	金额（元）
工资	—				
社会保险费					
住房公积金					
合计	—	—		杨颖之印	

年　　月　　日

凭证 **48.1**

千绿动力公司费用报销单

单据数：

日　　期		工作部门	
报销金额		姓　　名	
费用项目			
用　　途			

领导批示	贺华之印	财务审核	张健之印	部门审核	胡信
会计　李诚信		出纳：赵彦晞		领款人：王月江	

凭证 **48.2**

千绿动力公司费用报销单

单据数：

日　　期		工作部门	
报销金额		姓　　名	
费用项目			
用　　途			

领导批示	贺华之印	财务审核	张健之印	部门审核	曹亮
会计　李诚信		出纳：赵彦晞		领款人：张晓	

147

凭证 49

上海千绿动力能源有限公司

关于上海千禧投资有限合伙投入的投资溢价款转增资本的股东会决议

　　上海千绿动力能源有限公司第三次股东会于 2018 年 12 月 27 日在上海奉贤办公室召开。出席会议的股东:胡海明、上海千绿工业投资有限公司、中国科学院湖北微系统与信息技术研究所、上海明浩企业发展有限公司和上海千禧投资有限合伙股东授权代表各一人,占公司出资总额的 100%。

　　会议由董事会召集,董事长博宏明主持,以现场会议方式召开。股东代表出席会议,董事、监事、高级管理人员列席会议。会议召开符合有关法律法规及公司章程规定。经大会审议表决,各股东同意新股东上海千禧投资有限合伙投入的投资溢价款 30 万元转增资本。

股东及其代表签字:*胡海明*

二〇一八年十二月二十七日

凭证 50.1

样品视同销售的应交增值税金额计算表

项　　目	公　式	金　额
样品单价按 12 月同样产品平均售价		
样品视同销售的总价金额		
样品应交增值税		
样品成本		

149

凭证 50.2

上海千绿动力能源有限公司
产品出库单

仓库：　　　　　　　　　　　年　月　日　　　　　　　　NO:35128546

购货单位					发票号		未开票		—
货号	名称	型号规格	单位		数　量		成　本		提货方式
					发票	实付	单价	金　额	
1					—				
备　注									

仓库负责人：吴芷苍　　　　　保管员：方芸　　　　　交货人：张倩

（竖排）三 财会

凭证 51.1

代扣代缴个人所得税计算表

项　目	计算公式	金　额
胡海明应分得利润		
其中：代扣个人所得税		
扣除个人所得税的付利润	杨颖之印	

上海千绿动力能源有限公司
关于 2015 年度利润分配的股东会决议

　　上海千绿动力能源有限公司第三次股东会于 2018 年 12 月 27 日在上海奉贤办公室召开。出席会议的股东：胡海明、上海千绿工业投资有限公司、中国科学院湖北微系统与信息技术研究所、上海明浩企业发展有限公司和上海千禧投资有限合伙股东授权代表各一人，占公司出资总额的 100％。

　　会议由董事会召集，董事长博宏明主持，以现场会议方式召开。股东代表出席会议，董事、监事、高级管理人员列席会议。会议召开符合有关法律法规及公司章程规定。经大会审议表决，各股东同意按照 2018 年 11 月末已经到位实收资本比例分配上年度 50 万元利润。

股　东	2018 年 11 月末已经到位的实收资本金额(万元)	占比	分配股利金额(元)
1. 上海千绿工业投资有限公司	900	62.28％	311 418.69
2. 胡海明	110	7.61％	38 062.29（含 20％个税）
3. 中国科学院湖北微系统与信息技术研究所	250	17.31％	86 505.19
4. 上海明浩企业发展有限公司	185	12.80％	64 013.83
合　计	1 445	100％	500 000.00

股东及其代表签字：胡海明

二〇一八年十二月二十七日

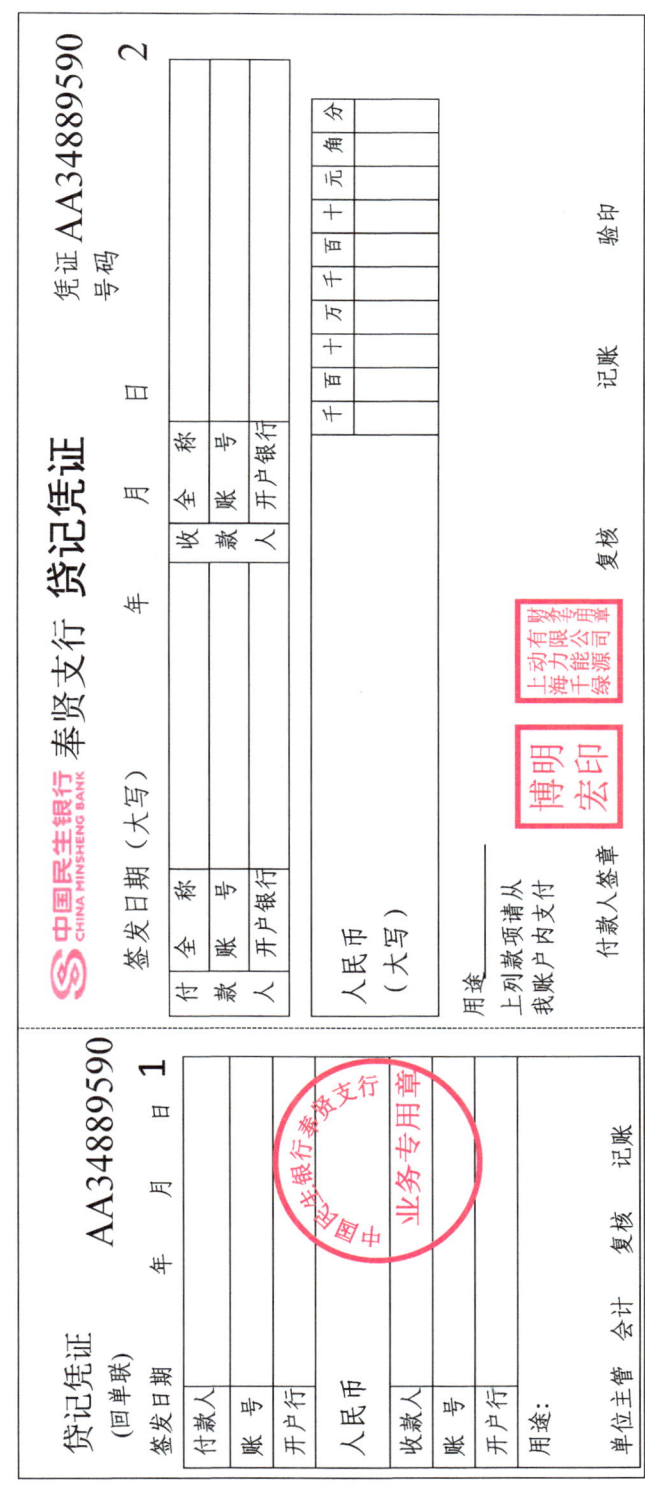

凭证 52.1

155

凭证 52.2

贷记凭证
（回单联）

AA34889591
1

签发日期 年 月 日

付款人		
账 号		
开户行		

人民币

收款人

账 号

开户行

用途：

单位主管　会计　复核　记账

（印章：中国民生银行奉贤支行 业务专用章）

中国民生银行 CHINA MINSHENG BANK 奉贤支行 贷记凭证

凭证 AA34889591
号码 2

签发日期（大写）　　　年　　月　　日

付款人	全 称		收款人	全 称	
	账 号			账 号	
	开户银行			开户银行	

人民币
（大写）

千	百	十	万	千	百	十	元	角	分

用途：
上列款项请从
我账户内支付

付款人盖章

（印章：博明宏印）
（印章：上海千动绿源新能力有限公司财务专用章）

复核　　记账　　验印

157

凭证 52.3

贷记凭证

凭证 AA34889593 2

中国民生银行 奉贤支行 贷记凭证

凭证号码

签发日期（大写） 年 月 日

收款人	全称	
	账号	
	开户银行	

人民币
（大写）

千	百	十	万	千	百	十	元	角	分

用途

上列款项请从
我账户内支付

付款人盖章

复核　　　记账　　　验印

博明宏印

上海动力有限公司财务专用章 千绿能源

贷记凭证（回单联） AA34889593 1

签发日期 年 月 日

付款人		
账号		
开户行		

人民币

收款人		
账号		
开户行		

用途：

民生银行奉贤支行 业务专用章

单位主管　会计　复核　记账

159

凭证 52.4

中国民生银行 CHINA MINSHENG BANK　**单位业务委托书**

委托日期：　　　年　　　月　　　日　　　NO.01746783

业务类型	□电汇　　□汇票申请　　□本票申请　　□其他＿＿＿＿＿＿															
委 托 人	名　称		收 款 人	名　称												
	账　号			账　号												
	开户银行			开户银行												

金 额	人 民 币 （大写）		亿	千	百	十	万	千	百	十	元	角	分

上列账款请从账户内划出，支付给收款人。　　　支付密码

申请人签章　（印章：博明宏印）（印章：上海千绿动力能源有限公司财务专用章）

若加急，在备注中注明。

161

凭证 53.1

扣缴个人所得税报告表

税款所属期：　　　年　　月　　日至　　　年　　月　　日

扣缴义务人名称：上海千绿动力能源有限公司

扣缴义务人编码：□□□□□□□□□□□ 3102265601775 89

扣缴义务人所属行业：☑一般行业　□特定行业月份申报

金额单位：人民币元（列至角分）

序号	姓名	身份证件类型	身份证件号码	所得项目	所得期间	收入额	免税所得	税前扣除项目									减除费用	准予扣除的捐赠额	应纳税所得额	税率	速算扣除数	应纳税额	减免税额	应扣缴税额	已扣缴税额	应补（退）税额	备注
								基本养老保险费	基本医疗保险费	失业保险费	住房公积金	财产原值	允许扣除的税费	其他	合计											
1	2	3	4	5	6	7	8	9	10	11	12	13	14	15	16	17	18	19	20%	21	22	23	24	25	26	27
合计																										

谨声明：此扣缴报告表是根据《中华人民共和国个人所得税法》及其实施条例和国家有关税收法律法规规定填写的，是真实的、完整的。

法定代表人（负责人）签字：　　　　　　　年　　月　　日

扣缴义务人公章： 经办人：	代理机构（人）签章： 经办人： 经办人执业证件号码： 代理申报日期：　　　年　　月　　日	主管税务机关受理专用章： 受理人： 受理日期：　　　年　　月　　日

填表日期：　　　年　　月　　日

国家税务总局监制

163

凭证 53.2

电子缴款凭证

打印日期：2018 年 12 月 27 日　　　　No. 201811138352321

纳税人识别号	310226560177589	税务征收机关	上海市奉贤区税务局
纳税人名称	上海千绿动力能源有限公司	收款国库	国家金库上海市奉贤区支库
开户银行	中国工商银行奉贤支行	银行账号	100178041930058697

系统税票号	税（费）种	税（品）目	所属时期	实缴金额	缴款日期
6231512232498563	个人所得税	股息红利	2017	7 612.46	20181227

------以下空白--------

金额合计（大写）柒仟陆佰壹拾贰元肆角陆分

本缴款凭证仅作为纳税人记账核算凭证使用，需与银行对账单电子划缴记录核对一致方有效。纳税人需开具完税证明，请凭税务登记证和有效身份证明，到主管税务机关开具《税收电子转账专用完税证》。

税务机关（电子章）

电子签名串　ehZU71ThT4gHJlYGkoIeoDOXyforPppqumRRULyVALEqgj4CK5BOAchc72xSehZU3PxF/qccqniQNoZCdYYHIXVY/04917ssR4pDfQtOHttjbRKdvNI76VitWi2k7SWU＋FROyMz3gzkv9pbmHoJbveSz3s7cnE6kJdVc＝ppqumRUe/2kPTccq71ThT4

打印日期：2018 年 12 月 27 日　　　　No. 201811138352321

凭证 54.1

上海千绿动力能源有限公司
固定资产/无形资产购置申请表

申请部门	财务部		申请时间			
资产类型	固定资产（　） 无形资产（　）					
资产名称	规格型号	单位	数量	预计单价		预计总价（含税）
总　计						
申请人	赵彦晞	部门经理审批意见：	拟同意 张健之印	财务总监审批意见		拟同意 薛凯之印
	年　月　日		年　月　日			年　月　日
总经理意见	同意 贺华之印				年　月　日	

165

凭证 54.2

贷记凭证
（回单联）

AA34889595

1

签发日期　年　月　日

付款人
账　号
开户行

人民币

收款人
账　号
开户行

用途：

单位主管　会计　复核　记账

中国民生银行 CHINA MINSHENG BANK 奉贤支行 贷记凭证

凭证 AA34889595
号码

2

签发日期（大写）　年　月　日

收款人
全称
账号
开户银行

付款人
全称
账号
开户银行

	千	百	十	万	千	百	十	元	角	分

人民币
（大写）

用途
上列款项请从
我账户内支付

付款人盖章

复核　记账

验印

凭证 54.3

310082560　　　上海增值税专用发票　　№53625859

开票日期 2018 年 12 月 28 日

| 购买方 | 名　　称：上海千绿动力能源有限公司
纳税人识别号：310226560177589
地址、电话：上海市奉贤区奉城镇灯民路676号 62910392
开户行及账号：中国民生银行奉贤支行 0109014170014181 | 密码区 | 3<07644/53>928＋8/78
×>656>×78710412>6×××
>>+<8－78++4<434+2-1
+54<<+9-55/94878>>5+ | 加密版本：01
3100093256
12315562 |

货物及应税劳务名称	规格型号	单位	数量	单价	金额	税率	税额
金蝶软件-存货模块		套	1	43 103.45	43 103.45	16%	6 896.55
合　　计					¥43 103.45		¥6 896.55

价税合计（大写）	伍万元整	（小写）¥50 000.00 元

| 销售方 | 名　　称：上海金蝶软件有限公司
纳税人识别号：310226283177571
地址、电话：上海市奉贤区奉城镇灯民路828号 62910392
开户行及账号：中国建设银行奉贤支行 2107636962246435 | 备注 | 上海金蝶软件有限公司
310226283177571
发票专用章 |

收款人：吴杰　　　复核：唐俊　　　开票人：李晓　　　销货单位：（章）

凭证 55.1

千绿动力公司费用报销单

单据数：

日　　期		工作部门	
报销金额		姓　　名	
费用项目			
用　　途			
领导 批示	贺华之印	财务 审核	张健之印	部门 审核	薛凯之印

会计：李诚信　　　出纳：赵彦晞　　　领款人：赵彦晞、李诚信、王敏

凭证 55.2

上海市服务业、娱乐业、文化体育业统一发票(卷票)

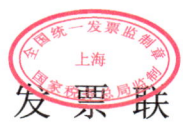

发 票 联

发票代码 231001570252
发票号码 26788300
密码
机打号码 28645708
机器编号 0000010040058394　　　　　收款员 02
收款单位:上海奉贤教育学院
税务登记证号 310110829455320
付款单位(个人)上海千绿动力能源有限公司
开票日期 2018/12/25

项目	单价	数量	金额
后续教育培训	150.00	3	450.00 元

小写合计:450.00 元
大写合计:肆佰伍拾元整
税控码:21547829432477000136

凭证 56.1

上海市国家税务局通用机打发票

发 票 联

发票代码 131001222258

开票日期: **2018-12-28**　　　行业分类: 服务业　　　发票号码 17635890

付款单位名称:上海千绿动力能源有限公司		付款单位税号: 310226560177589	
收款单位名称:上海奉贤高科技园区建设有限公司		收款单位税号: 310316571997581	
商品编号货物或劳务名称	单位　数量	单价	金额
房屋租赁费	月　　1	40 000.00	40 000.00元

合计金额大写(人民币):肆万元整　　　　合计金额小写: 40 000.00 元

开票人: 王涛　　　收款人: 刘晴　　　付款方式: 转账开票单位(盖章):

第一联 发票联

凭证 56.2

上海市国家税务局通用机打发票
发 票 联

发票代码131001223675

开票日期：2018-12-28　　行业分类：商业　　发票号码 17636532

| 付款单位名称：上海千绿动力能源有限公司 | 付款单位税号：310226560177589 |
| 收款单位名称：上海新华物业管理有限公司 | 收款单位税号：310327572007694 |

商品编号货物或劳务名称	单位	数量	单价	金额
物业管理费	月	1	8 524.37	8 524.37 元

合计金额大写（人民币）：捌仟伍佰贰拾肆元叁角柒分　　合计金额小写：8 524.37元

开票人：周洁　　收款人：杨华　　付款方式：转账开票单位（盖章）：

第一联 发票联

凭证 57

520082560　　## 江苏增值税专用发票　　№54675249
发 票 联

开票日期 2018 年 12 月 29 日

| 购买方 | 名　　称：上海千绿动力能源有限公司
纳税人识别号：310226560177589
地址、电话：上海市奉贤区奉城镇灯民路676号 62910392
开户行账号：中国民生银行奉贤支行0109014170014181 | 密码区 | 3<07644/53>928 + 8/78
*>656>*78710412>6***
>>+<8 - 78++4<434+2-1
+54*<+9-55/94878>>5+ | 加密版本：01
3100093256
12315562 |

货物及应税劳务名称	规格型号	单位	数量	单价	金额	税率	税额
运输装卸费		次	1	7 547.17	7 547.17	6%	452.83
合计					¥7 547.17		¥452.83

价税合计（大写）　捌仟元整　　（小写）¥8 000.00 元

| 销售方 | 名　　称：江苏韵达物流有限公司
纳税人识别号：310246560220989
地址、电话：无锡市北塘区区锡湖路437号 62150307
开户行账号：中国交通银行无锡支行2147327643359207 | 备注 | |

收款人：孙晓　　复核：林峰　　开票人：周杰　　销货单位：（章）

第三联：发票联 购买方记账凭证

173

上海千绿动力能源有限公司

凭证 58.1

2018 年 12 月工资发放汇总清单

人数	应付职工薪酬——工资(1)	应付职工薪酬——奖金、津贴和补贴(2)	应发工资合计 (3)=(1)+(2)	扣:社保统筹基金(4)	扣:公积金(5)	计税工资 (6)=(3)-(4)-(5)	减:个人所得税(7)	银行实际发放工资 (8)=(6)-(7)	签收
78 人	368 867.66	2 564.00	371 431.66	39 000.32	26 000.22	306 431.12	9 287.16	297 143.96	
合计	368 867.66	2 564.00	371 431.66	39 000.32	26 000.22	306 431.12	9 287.16	297 143.96	

单位主管　会计　复核　记账

凭证 58.2

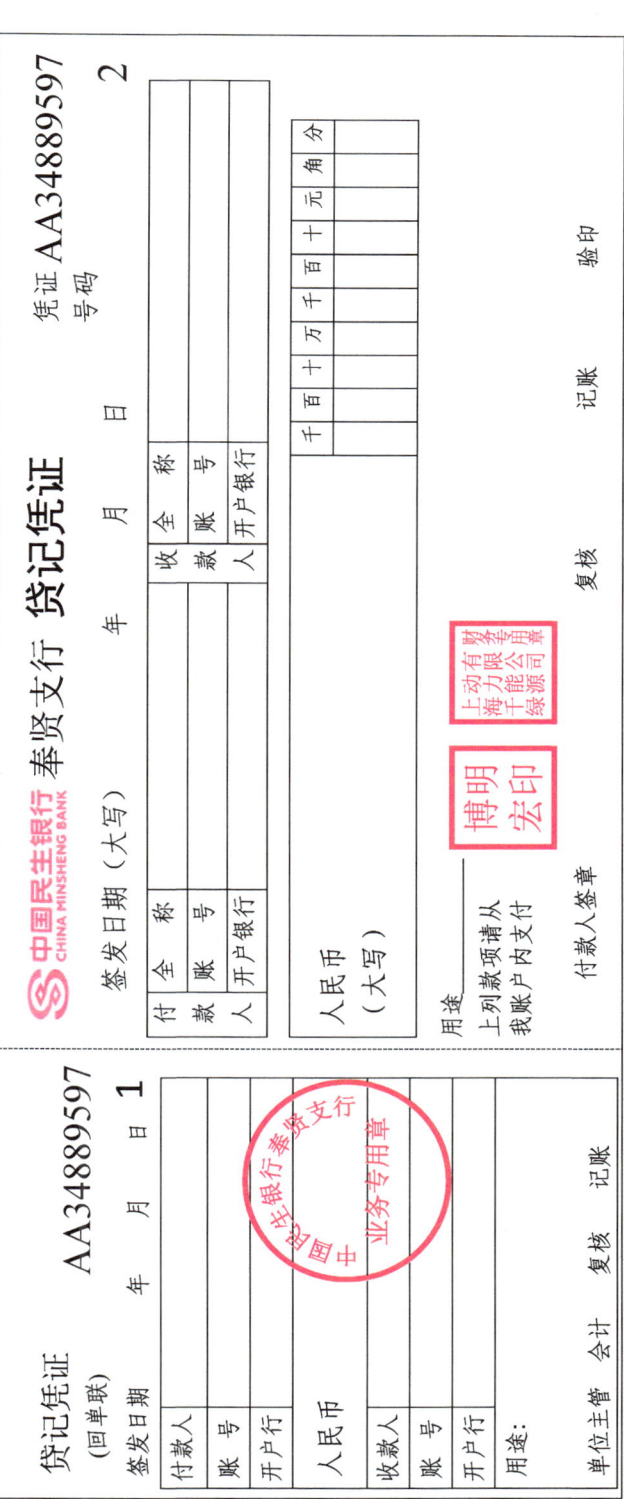

凭证 59.1

贷记凭证

AA34889598

1

贷记凭证
（回单联）

签发日期　　年　月　日

付款人	
账号	
开户行	

人民币
（大写）

收款人	
账号	
开户行	

用途：

单位主管　　会计　　复核　　记账

（印章：中国民生银行奉贤支行 业务专用章）

中国民生银行 CHINA MINSHENG BANK 奉贤支行　贷记凭证

凭证 AA34889598
号码

2

签发日期（大写）　　年　月　日

付款人	全　称		收款人	全　称	
	账　号			账　号	
	开户银行			开户银行	

人民币
（大写）

千	百	十	万	千	百	十	元	角	分

用途：

上列款项请从
我账户内支付

付款人签章

（印章：博明宏印）
（印章：上海动力有限公司财务专用章　千绿能源）

复核　　记账　　验印

177

凭证 59.2

贷记凭证
（回单联）

AA34889599
1

签发日期　　年　月　日

付款人		
账　号		
开户行		

人民币

收款人

账　号

开户行

用途：

（印章：民生银行奉贤支行 业务专用章）

单位主管　　会计　　复核　　记账

中国民生银行 CHINA MINSHENG BANK 奉贤支行　**贷记凭证**

凭证 AA34889599
号码　**2**

签发日期（大写）　　年　　月　　日

付款人	全称	
	账号	
	开户银行	

收款人	全称	
	账号	
	开户银行	

人民币
（大写）

	千	百	十	万	千	百	十	元	角	分

用途：
上列款项请从
我账户内支付

付款人签章

（印章：博明宏印）

（印章：上海动力有能源限公司绿色财务千专用章）

复核　　记账　　验印

凭证 60

贷记凭证
(回单联)

AA34889600　　1

签发日期　　年　月　日

付款人	全　称	
	账　号	
	开户行	

人民币
（大写）

收款人	全　称	
	账　号	
	开户行	

用途：

单位主管　　会计　　复核　　记账

（圆章：中国民生银行奉贤支行 业务专用章）

中国民生银行 CHINA MINSHENG BANK 奉贤支行　贷记凭证

凭证 AA34889600
号码　　2

签发日期（大写）　　年　　月　　日

付款人	全　称	
	账　号	
	开户银行	

收款人	全　称	
	账　号	
	开户银行	

人民币
（大写）

千	百	十	万	千	百	十	元	角	分

用途：＿＿＿＿＿
上列款项请从
我账户内支付

付款人签章

（印章：博明宏印）
（印章：上海千动绿源力有限财务能公司专用章章）

复核　　记账　　验印

181

凭证 61

上海千绿动力能源有限公司
装配车间——直接人工分配单

年   月   单位:人民币元

项　　目	月工资(元)	产品 1-D 型矿灯电池-8000 mAh	产品 2-车用镍氢电池-MH-Ni002
装配车间(人)			
当月产量(支/支)			
工时定额(小时/支、支)			
实际定额工时(小时)			
分配率			杨颖之印
各个产品分配额(元)			

凭证 62

上海千绿动力能源有限公司
装配车间——直接人工分配单

年   月   单位:人民币元

部门 ＼ 月份	月工资	1-AA 正极片-68800 mAh	2-AA 负极片-68800 mAh	3-AA 电池(平帽)-1600 mAh	4-镍氢电池-68800 mAh	5-D 型矿灯正极片-8000 mAh	6-D 型矿灯负极片-8000 mAh	7-D 型矿灯电池-8000 mAh
极片车间(人)								
当月产量								
工时定额								
实际定额工时								
分配率								
各个半成品分配额(元)								

凭证 63

年度应分配的递延收益金额计算表

单位:元

政府补贴款	受益年限	公 式	年度应分配的递延收益金额

凭证 64

月的递延收益分配金额计算表

单位:元

政府补贴款	公 式	月的递延收益分配金额

凭证 65

工会经费计算表

工 资	奖 金	工资总额	比 例	工会经费

凭证 66

职工教育经费计算表

工 资	奖 金	工资总额	比 例	职工教育经费

凭证 67.1

上海千绿动力能源有限公司
配　料　单

No. 0048249

领料部门极片车间　　　　　2018 年 12 月 10 日　　　　　发料仓库材料仓库
数量:100

材料类别	名称及规格	计量单位	数量		单价	金额	用途
			单个	实耗值			
原材料	氧化钴	千克	2.60	260	544.69	141 619.40	镍氢电池-68800 mAh
原材料	氢氧化镍	千克	5.20	520	298.90	155 428.00	镍氢电池-68800 mAh
原材料	贮氢合金粉	千克	4.06	406	368.87	149 761.22	镍氢电池-68800 mAh
原材料	合金粉/1#	千克	0.60	60	206.85	12 411.00	镍氢电池-68800 mAh
原材料	AA 钢壳/13.5×49	个	90.00	9000	4.68	42 120.00	镍氢电池-68800 mAh
原材料	添加剂/2#	千克	0.80	80	704.92	56 393.60	镍氢电池-68800 mAh
合　计						557 733.22	镍氢电池-68800 mAh

仓库主管 王　江　　　　发料人 郑　翔　　　　车间主管:胡洁　　　　领料人:秦枫

凭证 67.2

上海千绿动力能源有限公司
配　料　单

No. 0048250

领料部门极片车间　　　　　2018 年 12 月 12 日　　　　　发料仓库材料仓库
数量:390

材料类别	名称及规格	计量单位	数量		单价	金额	用途
			单个	实耗			
原材料	合金粉/1#	千克	0.18	70.2	206.85	14 520.87	AA 负极片-68800 mAh
原材料	冲孔钢带/190×0.06 mm	千克	0.12	46.8	94.18	4 407.62	AA 负极片-68800 mAh
合　计						18 928.49	

仓库主管 王　江　　　　发料人 郑　翔　　　　车间主管:胡洁　　　　领料人:秦枫

凭证 67.3

上海千绿动力能源有限公司
配　料　单

No.0048251

领料部门<u>极片车间</u>　　　　　2018 年 12 月 15 日　　　　　发料仓库<u>材料仓库</u>
数量:376

材料类别	名称及规格	计量单位	数　量		单　价	金　额	用　途
			单个	实耗			
原材料	添加剂/2#	千克	0.03	11.28	704.92	7 951.50	AA 正极片-68800 mAh
原材料	合金粉/1#	千克	0.02	7.52	206.85	1 555.51	AA 正极片-68800 mAh
合　计						9 507.01	

仓库主管：王　江　　　　发料人：郑　翔　　　　车间主管：胡洁　　　　领料人：秦枫

凭证 67.4

上海千绿动力能源有限公司
配　料　单

No.0048252

领料部门<u>极片车间</u>　　　　　2018 年 12 月 16 日　　　　　发料仓库<u>材料仓库</u>
数量:1 040

材料类别	名称及规格	计量单位	数　量		单　价	金　额	用　途
			单个	实耗			
原材料	AA 盖帽/点焊组合帽	支	2.00	2 080	5.60	11 648.00	AA 电池(平帽)-1600 mAh
原材料	AA 密封圈/13.7×12.7	个	9.00	9 360	0.80	7 488.00	AA 电池(平帽)-1600 mAh
合　计						19 136.00	

仓库主管：王　江　　　　发料人：郑　翔　　　　车间主管：胡洁　　　　领料人：秦枫

凭证 67.5

上海千绿动力能源有限公司
配 料 单

No.0048253

领料部门<u>极片车间</u>　　　　　　2018 年 12 月 18 日　　　　　　发料仓库<u>材料仓库</u>

数量:1 006

材料类别	名称及规格	计量单位	数量		单价	金额	用途
			单个	实耗值			
原材料	D型正极集流片	千克	1.00	1 006	7.40	7 444.40	D型矿灯正极片-8000 mAh
原材料	合金粉/1#	千克	0.012	12.07	206.85	2 496.68	D型矿灯正极片-8000 mAh
合　计						9 941.08	

仓库主管:王 江　　　　　发料人:郑 翔　　　　　　车间主管:胡洁　　　　　　领料人:秦枫

凭证 67.6

上海千绿动力能源有限公司
配 料 单

No.0048254

领料部门<u>极片车间</u>　　　　　　2018 年 12 月 20 日　　　　　　发料仓库<u>材料仓库</u>

数量:806

材料类别	名称及规格	计量单位	数量		单价	金额	用途
			单个	实耗值			
原材料	D型负极集流片	千克	1.00	806	7.40	5 964.40	D型矿灯负极片-8000 mAh
原材料	合金粉/1#	千克	0.012	9.67	206.85	2 000.24	D型矿灯负极片-8000 mAh
合　计						7 964.64	

仓库主管:王 江　　　　　发料人:郑 翔　　　　　　车间主管:胡洁　　　　　　领料人:秦枫

凭证 67.7

上海千绿动力能源有限公司
配　料　单

No.0048255

领料部门极片车间　　　　　　　　2018 年 12 月 21 日　　　　　　　发料仓库材料仓库
　　　　　　　　　　　　　　　　　　　　　　　　　　　　　　　　　　　数量：1 030

材料类别	名称及规格	计量单位	数量		单价	金额	用途
			单个	实耗值			
原材料	1/2D 型钢壳/32.2×35.5	个	2.00	2 060	2.79	5 747.40	D 型矿灯电-8000 mAh
原材料	氧化钴	千克	0.004 9	5.00	544.69	2 723.45	D 型矿灯电池-8000 mAh
原材料	冲孔钢带/190×0.06 mm	千克	0.007 8	8.00	94.18	753.44	D 型矿灯电池-8000 mAh
合　计						9 224.29	

仓库主管：王　江　　　　　发料人：郑　翔　　　　　车间主管：胡洁　　　　　领料人：秦枫

凭证 67.8

上海千绿动力能源有限公司
年　　　月生产成本领料表

序号	品　名	规　格	单位	镍氢电池-68800 mAh(配料单号：0048249)		
				单价	数量	金额
1	添加剂					
2	AA 盖帽					
3	AA 密封圈					
4	D 型正极集流片					
5	D 型负极集流片					
6	AA 钢壳					
7	1/2D 型钢壳					
8	氢氧化镍					
9	合金粉					
10	氧化钴					
11	贮氢合金粉					
12	冲孔钢带					
13	焊杯					
14	包装材料					
15	D 型密封圈					
合　计						

上海千绿动力能源有限公司
年　　月生产成本领料表

序号	品　名	规　格	单位	AA 负极片-68800 mAh(配料单号:0048250)		
				单　价	数　量	金　额
1	添加剂					
2	AA 盖帽					
3	AA 密封圈					
4	D 型正极集流片					
5	D 型负极集流片					
6	AA 钢壳					
7	1/2D 型钢壳					
8	氢氧化镍					
9	合金粉					
10	氧化钴					
11	贮氢合金粉					
12	冲孔钢带					
13	焊杯					
14	包装材料					
15	D 型密封圈					
合　计						

上海千绿动力能源有限公司
年　　月生产成本领料表

序号	品　名	规　格	单位	AA 正极片-68800 mAh(配料单号:0048251)		
				单　价	数　量	金　额
1	添加剂					
2	AA 盖帽					
3	AA 密封圈					
4	D 型正极集流片					
5	D 型负极集流片					
6	AA 钢壳					
7	1/2D 型钢壳					
8	氢氧化镍					
9	合金粉					
10	氧化钴					
11	贮氢合金粉					
12	冲孔钢带					
13	焊杯					
14	包装材料					
15	D 型密封圈					
合　计						

凭证 67.11

上海千绿动力能源有限公司
年　　月生产成本领料表

序号	品　名	规　格	单位	AA 电池(平帽)-1600 mAh(配料单号:0048252)		
				单　价	数　量	金　额
1	添加剂					
2	AA 盖帽					
3	AA 密封圈					
4	D 型正极集流片					
5	D 型负极集流片					
6	AA 钢壳					
7	1/2D 型钢壳					
8	氢氧化镍					
9	合金粉					
10	氧化钴					
11	贮氢合金粉					
12	冲孔钢带					
13	焊杯					
14	包装材料					
15	D 型密封圈					
合　计						

凭证 67.12

上海千绿动力能源有限公司
年　　月生产成本领料表

序号	品　名	规　格	单位	D型矿灯正极片−8000 mAh(配料单号:0048253)		
				单　价	数　量	金　额
1	添加剂					
2	AA 盖帽					
3	AA 密封圈					
4	D型正极集流片					
5	D型负极集流片					
6	AA 钢壳					
7	1/2D 型钢壳					
8	氢氧化镍					
9	合金粉					
10	氧化钴					
11	贮氢合金粉					
12	冲孔钢带					
13	焊杯					
14	包装材料					
15	D型密封圈					
合　计						

上海千绿动力能源有限公司
年　　月生产成本领料表

序号	品　名	规　格	单位	D型矿灯负极片-8000 mAh(配料单号:0048254)		
				单　价	数　量	金　额
1	添加剂					
2	AA 盖帽					
3	AA 密封圈					
4	D型正极集流片					
5	D型负极集流片					
6	AA 钢壳					
7	1/2D型钢壳					
8	氢氧化镍					
9	合金粉					
10	氧化钴					
11	贮氢合金粉					
12	冲孔钢带					
13	焊杯					
14	包装材料		个			
15	D型密封圈		个			
合　计						

上海千绿动力能源有限公司
年　　月生产成本领料表

序号	品　名	规　格	单位	D型矿灯电池-8000 mAh(配料单号:0048255)		
				单　价	数　量	金　额
1	添加剂					
2	AA 盖帽					
3	AA 密封圈					
4	D型正极集流片					
5	D型负极集流片					
6	AA 钢壳					
7	1/2D 型钢壳					
8	氢氧化镍					
9	合金粉					
10	氧化钴					
11	贮氢合金粉					
12	冲孔钢带					
13	焊杯					
14	包装材料					
15	D型密封圈					
合　计						

上海千绿动力能源有限公司
年　　　月生产成本领料汇总表

序号	品　名	规　格	单位	生产成本领用小计（配料单号：48249-48255）		
				单　价	数　量	金　额
1	添加剂					
2	AA 盖帽					
3	AA 密封圈					
4	D 型正极集流片					
5	D 型负极集流片					
6	AA 钢壳					
7	1/2D 型钢壳					
8	氢氧化镍					
9	合金粉					
10	氧化钴					
11	贮氢合金粉					
12	冲孔钢带					
13	焊杯					
14	包装材料					
15	D 型密封圈					
	合　计					

凭证 68

上海千绿动力能源有限公司
极片车间——制造费用分配单

年　月　　　　　　　　　　　　单位:人民币元

项　目	合计金额（　月）	AA正极片-68800 mAh	AA负极片-68800 mAh	AA电池(平帽)-1600 mAh	镍氢电池-68800 mAh	D型矿灯正极片-8000 mAh	D型矿灯负极片-8000 mAh	D型矿灯电池-8000 mAh
制造费用								
当月产量								
工时定额								
实际定额工时								
分配率								
各个半成品分配额								

凭证 69.1

上海千绿动力能源有限公司
极片车间——半成品成本计算单

年　月

半成品名称:镍氢电池(本体)　　　　　电池容量:68800 mAh　　　　　单位:人民币元

项　目	产量	直接材料	直接人工费	制造费用	合　计
月初在产品成本					
本月生产费用					
合　计					
完工半成品					
月末在产品/约当产量					

凭证 69.2

上海千绿动力能源有限公司
极片车间——半成品成本计算单

年　　月

半成品名称:AA 负极片　　　　　　　　电池容量:68800 mAh　　　　　　　　单位:人民币元

项　　目	产量	直接材料	直接人工费	制造费用	合　计
月初在产品成本					
本月生产费用					
合　　计					
完工半成品					
月末在产品/约当产量					

凭证 69.3

上海千绿动力能源有限公司
极片车间——半成品成本计算单

年　　月

半成品名称:AA 正极片　　　　　　　　电池容量:68800 mAh　　　　　　　　单位:人民币元

项　　目	产量	直接材料	直接人工费	制造费用	合　计
月初在产品成本					
本月生产费用					
合　　计					
完工半成品					
月末在产品/约当产量					

上海千绿动力能源有限公司
极片车间——半成品成本计算单

年　月

半成品名称:AA 电池(平帽)　　　　　电池容量:1600 mAh　　　　　单位:人民币元

项　目	产量	直接材料	直接人工费	制造费用	合　计
月初在产品成本					
本月生产费用					
合　计					
完工半成品					
月末在产品/约当产量					

上海千绿动力能源有限公司
极片车间——半成品成本计算单

年　月

半成品名称:D 型矿灯正极片　　　　　电池容量:8000 mAh　　　　　单位:人民币元

项　目	产量	直接材料	直接人工费	制造费用	合计
月初在产品成本					
本月生产费用					
合　计					
完工半成品					
月末在产品/约当产量					

上海千绿动力能源有限公司
极片车间——半成品成本计算单

年　　月

半成品名称:D 型矿灯负极片　　　　　　　　电池容量:8000 mAh　　　　　　　　单位:人民币元

项　　目	产量	直接材料	直接人工费	制造费用	合计
月初在产品成本					
本月生产费用					
合　计					
完工半成品					
月末在产品/约当产量					

上海千绿动力能源有限公司
极片车间——半成品成本计算单

2018 年 12 月

半成品名称:D 型矿灯电池(本体)　　　　　　电池容量:8000 mAh　　　　　　　　单位:人民币元

项　　目	产量	直接材料	直接人工费	制造费用	合　计
月初在产品成本					
本月生产费用					
合　计					
完工半成品					
月末在产品/约当产量					

凭证 70.1

上海千绿动力能源有限公司
配　料　单

No. 0056378

领料部门:装配车间　　　　　　　2018 年 12 月 10 日　　　　　　　发料仓库:半成品仓库

数量:80

材料类别	名称及规格	计量单位	数量		单价(元)	金额(元)	用　途
			单个	实耗值			
半成品	AA 正极片/68800mAh	片	4.00	320	98.34	31 468.80	车用镍氢电池/68800 mAh
半成品	AA 负极片/68800mAh	片	4.00	320	89.16	28 531.20	车用镍氢电池/68800 mAh
半成品	AA 电池(平帽)/1600mAh	支	8.00	640	79.90	51 136.00	车用镍氢电池/68800 mAh
半成品	镍氢电池	支	1.00	80	10 972.34	877 787.20	车用镍氢电池/68800 mAh
合　计						988 923.20	

仓库主管:朱虹　　　　发料人:朱元　　　　车间主管:曹亮　　　　领料人:方雨

凭证 70.2

上海千绿动力能源有限公司
配　料　单

No. 0056379

领料部门:装配车间　　　　　　　2018 年 12 月 15 日　　　　　　　发料仓库:半成品仓库

数量:700

材料类别	名称及规格	计量单位	数量		单价(元)	金额(元)	用　途
			单个	实耗值			
半成品	D 型矿灯正极片/8000mAh	片	1.00	700	40.84	28 588.00	D 型矿灯电池/8000 mAh
半成品	D 型矿灯负极片/8000mAh	片	1.00	700	40.33	28 231.00	D 型矿灯电池/8000 mAh
半成品	D 型矿灯电池/8000mAh	支	1.00	700	114.67	80 269.00	D 型矿灯电池/8000 mAh
合　计						137 088.00	

仓库主管:朱虹　　　　发料人:朱元　　　　车间主管:曹亮　　　　领料人:方雨

凭证 70.3

上海千绿动力能源有限公司
年　　月生产成本领料表

序号	品　名	规　格	单位	车用镍氢电池/68800 mAh(配料单号:0056378)		
				单　价	数　量	金　额
1	AA 正极片	68800mAh	片			
2	AA 负极片	68800mAh	片			
3	AA 电池(平帽)	1600mAh	支			
4	镍氢电池	68800mAh	支			
5	D 型矿灯正极片	8000mAh	片			
6	D 型矿灯负极片	8000mAh	片			
7	D 型矿灯电池	8000mAh	支			
合　计						

凭证 70.4

上海千绿动力能源有限公司
年　　月生产成本领料表

序号	品　名	规　格	单位	D 型矿灯电池/8000 mAh(配料单号:0056379)		
				单　价	数　量	金　额
1	AA 正极片	68800mAh	片			
2	AA 负极片	68800mAh	片			
3	AA 电池(平帽)	1600mAh	支			
4	镍氢电池	68800mAh	支			
5	D 型矿灯正极片	8000mAh	片			
6	D 型矿灯负极片	8000mAh	片			
7	D 型矿灯电池	8000mAh	支			
合　计						

凭证 71.1

上海千绿动力能源有限公司
配 料 单

No.0048256

领料部门:装配车间　　　　　2018 年 12 月 10 日　　　　　发料仓库:材料仓库

数量:80

材料类别	名称及规格	计量单位	数量		单价(元)	金额(元)	用 途
			单个	实耗值			
原材料	AA 密封圈/13.7×12.7	个	200.00	16 000	0.80	12 800.00	车用镍氢电池/68800 mAh
原材料	焊杯	个	160.00	12 800	4.98	63 744.00	车用镍氢电池/68800 mAh
原材料	包装材料	个	5.00	400	156.39	62 556.00	车用镍氢电池/68800 mAh
合　计						139 100.00	

仓库主管: 王 江　　　　发料人:郑翔　　　　车间主管:曹亮　　　　领料人:方雨

凭证 71.2

上海千绿动力能源有限公司
配 料 单

No.0048257

领料部门:装配车间　　　　　2018 年 12 月 15 日　　　　　发料仓库:材料仓库

数量:700

材料类别	名称及规格	计量单位	数量		单价(元)	金额(元)	用 途
			单个	实耗值			
原材料	D 型密封圈/29.2×31.2×5.1	个	10.00	7 000	0.54	3 780.00	D 型矿灯电池/8000 mAh
原材料	焊杯	个	10.00	7 000	4.98	34 860.00	D 型矿灯电池/8000 mAh
合　计						38 640.00	

仓库主管: 王 江　　　　发料人:郑翔　　　　车间主管:曹亮　　　　领料人:方雨

凭证 71.3

上海千绿动力能源有限公司
年　　月生产成本领料汇总表

序号	品　名	规　格	单位	本期汇总表(配料单号:0048256-0048257)		
				单　价	数　量	金　额
1	添加剂	2#	千克			
2	AA 盖帽	点焊组合帽	支			
3	AA 密封圈	13.7×12.7	个			
4	D 型正极集流片		片			
5	D 型负极集流片		片			
6	AA 钢壳	13.5×49	个			
7	1/2D 型钢壳	32.2×31.2×35.5	个			
8	氢氧化镍		千克			
9	合金粉	1#	千克			
10	氧化钴		千克			
11	贮氢合金粉		千克			
12	冲孔钢带	190×0.06 mm	千克			
13	焊杯		个			
14	包装材料		个			
15	D 型密封圈	Φ29.2×31.2×5.1	个			
合　计						

凭证 72

上海千绿动力能源有限公司
装配车间——制造费用分配表

年　　月　　　　　　　　　　　　　　　　单位:人民币元

项　目	合计金额(12 月)	D 型矿灯电池——8000 mAh	车用镍氢电池——MH-Ni002
制造费用			
当月产量			
工时定额			
实际定额工时			
分配率			
各个产品分配额			

凭证 73.1

上海千绿动力能源有限公司
装配车间——产成品成本计算单
年　月

产成品名称:车用镍氢电池　　　　　　电池容量:68800 mAh　　　　　　单位:人民币元

项目	产量	自制半成品	直接材料	直接人工费	制造费用	合　计
月初在产品成本						
本月生产费用						
合　计						
完工产成品						
月末产成品/约当产量						

凭证 73.2

产品成本还原计算表

产成品名称:车用镍氢电池　　　　　　2018 年 12 月　　　　　　单位:元

行次	项目	产量(件)	还原分配率	半成品	直接材料	直接人工	制造费用	成本合计
1	还原前产成品成本	50		641 377.32	114 474.24	93 186.88	39 747.45	888 785.89
2	本月所产半成品成本				447 544.30	132 917.03	72 451.30	652 912.63
2-1	镍氢电池本体	50			386 094.54	86 057.72	53 318.77	525 471.03
2-2	AA 负极片	300			16 863.69	7 308.83	2 794.41	26 966.93
2-3	AA 正极片	300			13 956.93	11 107.01	4 695.83	29 759.77
2-4	AA 电池平帽	880			30 629.14	28 443.47	11 642.29	70 714.90
3	产成品成本中半成品费用还原值		＝641 377.32÷652 912.63＝0.98	－641 377.32	439 637.33	130 568.72	71 171.27	－0.00
4＝1＋3	还原后产成品总成本	50			554 111.57	223 755.60	110 918.72	888 785.89
5	还原后产成品单位成本				11 082.23	4 475.11	2 218.37	17 775.72
6	各项目占比				62.34%	25.18%	12.48%	

凭证 73.3

上海千绿动力能源有限公司
装配车间——产成品成本计算单
年 月

产成品名称：D 型矿灯电池　　　　　　　电池容量：8000 mAh　　　　　　　单位：人民币元

项　　目	产量	自制半成品	直接材料	直接人工费	制造费用	合　　计
月初在产品成本						
本月生产费用						
合　　计						
完工产成品						
月末产成品/约当产量						

凭证 73.4

产品成本还原计算表
年 月

产成品名称：D 型矿灯电池　　　　　　　　　　　　　　　　　　　　　　　单位：元

行次	项目	产量（件）	还原分配率	半成品	直接材料	直接人工	制造费用	成本合计
1	还原前产成品成本	500		102 220.83	32 274.83	40 364.11	14 897.70	189 757.47
2	本月所产半成品成本				47 749.85	82 980.59	31 544.81	162 275.25
2-1	D 型矿灯正极片	810			9 854.54	17 798.64	6 207.13	33 860.31
2-2	D 型矿灯负极片	620			7 510.02	13 413.43	4 732.59	25 656.04
2-3	D 型矿灯电池本体	880			30 385.29	51 768.52	20 605.09	102 758.90
3	产成品成本中半成品费用还原值		＝102 220.83÷162 275.25＝0.63	−102 220.83	30 078.70	52 271.34	19 870.79	—
4＝1＋3	还原后产成品总成本	500			62 353.53	92 635.45	34 768.49	189 757.47
5	还原后产成品单位成本				124.71	185.27	69.54	379.51
6	各项目占比				32.86%	48.82%	18.32%	

凭证 74

上海千绿动力能源有限公司
产成品收发存明细
（截至日 2018 年 12 月 31 日）

序号	品名	规格	单位	期初数			本月增加			本月减少			期末数		
				单价	数量	金额	单价	数量	金额	单价	数量	金额	单价	数量	金额
1	D型矿灯电池	8000 mAh	支	342.15	817.00	279 536.55	379.51	500.00	189 757.47	356.34	610.00	217 367.40	356.33	707.00	251 926.62
2	车用镍氢电池	MH-Ni002	支	16 756.37	80.00	1 340 509.83	17 775.72	50.00	888 785.89	17 148.43	70.00	1 200 390.10	17 148.43	60.00	1 028 905.62
	合　计					1 620046.38			1 078 543.36			1 417 757.50			1 280 832.24

注：车用镍氢电池加权平均单价=（月初结存金额+本月购进金额）/（月初结存数量+本月购进数量）
70 支车用镍氢电池（型号 MH-Ni002）成本=发出数量×加权平均单价

凭证 75

上海千绿动力能源有限公司
无形资产摊销表

截至　　年　　日　　日　　　　　　　　　单位：人民币元

序号	项　　目	原始发生额	总摊销月数	每月摊销额	累计已摊销	期末余额
1	动力镍氢电池用纳米材料测试技术					
2	金蝶软件——存货模块					
	合　　计					

凭证 76

上海千绿动力能源有限公司
年　　　月计提折旧汇总表（1）

截至　　年　　日　　日

设备名称	使用部门	原值	折旧年限	残值率	本月折旧额
电脑设备	管理部门				
空调设备	管理部门				
仪器设备	管理部门				
办公设备小计					
运输设备	管理部门				
运输设备小计					
合　　计					

凭证 77

短期借款利息计算表

时间	本金	利息率	公式	金额
				薛凯之印

凭证78

上海千绿动力能源有限公司
产成品收发存明细
（截至日 2018 年 12 月 31 日）

序号	品名	规格	单位	期初数			本月增加			本月减少			期末数		
				单价	数量	金额	单价	数量	金额	单价	数量	金额	单价	数量	金额
1	D型矿灯电池	8000 mAh	支	342.15	817.00	279 536.55	379.51	500.00	189 757.47	356.34	610.00	217 367.40	356.33	707.00	251 926.62
2	车用镍氢电池	MH-Ni002	支	16 756.37	80.00	1 340 509.83	17 775.72	50.00	888 785.89	17 148.43	70.00	1 200 390.10	17 148.43	60.00	1 028 905.62
	合 计					1 620 046.38			1 078 543.36			1 417 757.50			1 280 832.24

注：D型矿灯电池加权平均单价＝（月初结存金额＋本月购进金额）/（月初结存数量＋本月购进数量）

＝

527 支 D 型矿灯电池（型号 8000 mAh）的成本＝发出数量×加权平均单价

＝

凭证 79

上海千绿动力能源有限公司
产成品收发存明细
（截至日 2018 年 12 月 31 日）

序号	品名	规格	单位	期初数			本月增加			本月减少			期末数		
				单价	数量	金额	单价	数量	金额	单价	数量	金额	单价	数量	金额
1	D型矿灯电池	8000 mAh	支	342.15	817.00	279 536.55	379.51	500.00	189 757.47	356.34	610.00	217 367.40	356.33	707.00	251 926.62
2	车用镍氢电池	MH-Ni002	支	16 756.37	80.00	1 340 509.83	17 775.72	50.00	888 785.89	17 148.43	70.00	1 200 390.10	17 148.43	60.00	1 028 905.62
	合　计					1 620 046.38			1 078 543.36			1 417 757.50			1 280 832.24

注：D型矿灯电池加权平均单价＝（月初结存金额＋本月购进金额）/（月初结存数量＋本月购进数量）

　　　＝

　63支D型矿灯电池（型号8000mAh）的成本＝发出数量×加权平均单价

　　　＝

235

凭证 80

上海千绿动力能源有限公司
年　　月计提折旧汇总表(2)

（截至日　　年　　月　　日）　　　　　　　　　　单位:元

设备名称	使用部门	原值	折旧年限	残值率	本月折旧额
机器 A	极片车间				
机器 B	极片车间				
机器 C	极片车间				
极片车间小计					
机器 D	装配车间				
机器 E	装配车间				
机器 F	装配车间				
装配车间小计					
合　　计					

凭证81

上海千绿动力能源有限公司
产成品收发存明细
（截至日　年　月　日）

序号	品名	规格	单位	期初数			本月增加			本月减少			期末数		
				单价	数量	金额	单价	数量	金额	单价	数量	金额	单价	数量	金额
1	D型矿灯电池	8000 mAh	支	342.15	817.00	279 536.55	379.51	500.00	189 757.47	356.34	610.00	217 367.40	356.33	707.00	251 926.62
2	车用镍氢电池	MH－Ni002	支	16 756.37	80.00	1 340 509.83	17 775.72	50.00	888 785.89	17 148.43	70.00	1 200 390.10	17 148.43	60.00	1 028 905.62
	合计					1 620 046.38			1 078 543.36			1 417 757.50			1 280 832.24

注：D型矿灯电池加权平均单价＝（月初结存金额＋本月购进金额）／（月初结存数量＋本月购进数量）

10支D型矿灯电池（型号8000mAh）的成本＝发出数量×加权平均单价

239

凭证 82

上海千绿动力能源有限公司
待摊费用　　　年　　月摊销计算表

单位：人民币元

序号	项目	原始发生额	发生日期	摊销期限	月初数	本月摊销额	累计已摊销	期末余额
1	18年度网络费							
	合计			—		薛凯之印		

凭证 83

上海千绿动力能源有限公司
长期待摊费用——厂房装修费
年　　月摊销计算表

单位：人民币元

序号	项目	原始发生额	发生日期	摊销期限	月初待摊销余额	本月摊销额	累计已摊销	期末待摊销余额
						薛凯之印		

凭证 **84**

上海千绿动力能源有限公司
主要应交税费明细表

年　　月

项　　目	行次	本月数
一、增值税	1	
1. 应交增值税	2	
（1）期初未抵扣数（用负号填列）	3	
（2）销项税额	4	
（3）进项税额转出	5	
（4）转出多交增值税	6	
（5）进项税额	7	
（6）已交税金	8	
（7）转出未交增值税	9	
2. 未交增值税	11	
（1）期初未交数（多交数用负号填列）	12	
（2）本期转入数（多交数用负号填列）	13	
（3）已交数	14	
（4）期末未交数（多交数用负号填列）	15	
二、城市维护建设税	16	
1. 期初未交数（多交用负号填列）	17	3 915.03
2. 应交数	18	13 203.75
3. 已交数	19	3 915.03
4. 期末未交数（多交用负号填列）	20	13 203.75
三、企业所得税	21	
1. 期初未交数（多交用负号填列）	22	
2. 应交数	23	31 265.30
3. 已交数	24	0.00
4. 期末未交数（多交用负号填列）	25	31 265.30

凭证 85

上海千绿动力能源有限公司
计提税费附加明细表

申报月份：　　年　　月

申报税种	税款属期	计税依据	税率	应纳税额（元）
增值税				
应交税费及附加				
1. 城市维护建设税				
2. 教育费附加				
3. 地方教育附加				
4. 河道管理费				
应交税费及附加合计				

凭证 86

季度应预缴的企业所得税

单位:元

应纳税所得额	企业所得税税率	应预缴的企业所得税额

凭证 87.1

计算手稿：

1. 业务招待费超支额计算：

限额 1＝收入的 5‰＝

限额 2＝实际发生业务招待费的 60％＝

两者之间取低者元为允许税前列支的业务招待费限额数。

因此,2018 年度业务招待费超支额＝

2. 纳税调增的应纳税所得额＝业务招待费超支额＋滞纳金＋行政性罚款

＝

＝

3. 应补计提的企业所得税税费＝纳税调增的应纳税所得额×税率

＝

＝

凭证 **87.2**

上海千绿动力能源有限公司公司　　　年度

中华人民共和国企业所得税年度纳税申报表（A 类）

行次	类别	项　　目	金额
1	利润总额计算	一、营业收入(填写 A101010\101020\103000)	
2		减:营业成本(填写 A102010\102020\103000)	
3		税金及附加	
4		销售费用(填写 A104000)	
5		管理费用(填写 A104000)	
6		财务费用(填写 A104000)	
7		资产减值损失	
8		加:公允价值变动收益	
9		投资收益	
10		二、营业利润(1−2−3−4−5−6−7+8+9)	
11		加:营业外收入(填写 A101010\101020\103000)	
12		减:营业外支出(填写 A102010\102020\103000)	
13		三、利润总额(10+11−12)	
14	应纳税所得额计算	减:境外所得(填写 A108010)	
15		加:纳税调整增加额(填写 A105000)	
16		减:纳税调整减少额(填写 A105000)	
17		减:免税、减计收入及加计扣除(填写 A107010)	
18		加:境外应税所得抵减境内亏损(填写 A108000)	
19		四、纳税调整后所得(13−14+15−16−17+18)	
20		减:所得减免(填写 A107020)	
21		减:抵扣应纳税所得额(填写 A107030)	
22		减:弥补以前年度亏损(填写 A106000)	
23		五、应纳税所得额(19−20−21−22)	
24	应纳税额计算	税率(15%)	
25		六、应纳所得税额(23×24)	
26		减:减免所得税额(填写 A107040)	
27		减:抵免所得税额(填写 A107050)	
28		七、应纳税额(25−26−27)	
29		加:境外所得应纳所得税额(填写 A108000)	
30		减:境外所得抵免所得税额(填写 A108000)	
31		八、实际应纳所得税额(28+29−30)	
32		减:本年累计实际已预缴的所得税额	
33		九、本年应补(退)所得税额(31−32)	
34		其中:总机构分摊本年应补(退)所得税额(填写 A109000)	
35		财政集中分配本年应补(退)所得税额(填写 A109000)	
36		总机构主体生产经营部门分摊本年应补(退)所得税额(填写 A109000)	
37	附列资料	以前年度多缴的所得税额在本年抵减额	
38		以前年度应缴未缴在本年入库所得税额	

凭证 87.3

A105000   _____年企业所得税纳税调整项目明细表

行次	项　目	账载金额 1	税收金额 2	调增金额 3	调减金额 4
1	一、收入类调整项目(2＋3＋4＋5＋6＋7＋8＋10＋11)	＊	＊	＊	＊
2	（一）视同销售收入(填写 A105010)	＊	＊	＊	＊
3	（二）未按权责发生制原则确认的收入(填写 A105020)	＊	＊	＊	＊
4	（三）投资收益(填写 A105030)	＊	＊	＊	＊
5	（四）按权益法核算长期股权投资对初始投资成本调整确认收益	＊	＊		＊
6	（五）交易性金融资产初始投资调整	＊	＊	＊	
7	（六）公允价值变动净损益	＊	＊	＊	＊
8	（七）不征税收入	＊	＊	＊	＊
10	（八）销售折扣、折让和退回	＊	＊	＊	＊
11	（九）其他	＊	＊	＊	＊
12	二、扣除类调整项目(13＋14＋15＋16＋17＋18＋19＋20＋21＋22＋23＋24＋26＋27＋28＋29)	＊	＊	＊	＊
13	（一）视同销售成本(填写 A105010)				＊
14	（二）职工薪酬(填写 A105050)	＊	＊	＊	＊
15	（三）业务招待费支出				＊
16	（四）广告费和业务宣传费支出(填写 A105060)	＊	＊		＊
17	（五）捐赠支出(填写 A105070)	＊	＊	＊	＊
18	（六）利息支出	＊	＊	＊	＊
19	（七）罚金、罚款和被没收财物的损失	＊	＊	＊	＊
20	（八）税收滞纳金、加收利息		＊		＊
21	（九）赞助支出	＊	＊	＊	＊
22	（十）与未实现融资收益相关在当期确认的财务费用	＊	＊	＊	＊
23	（十一）佣金和手续费支出	＊	＊		＊
24	（十二）不征税收入用于支出所形成的费用	＊	＊	＊	＊
26	（十三）跨期扣除项目	＊	＊	＊	＊
27	（十四）与取得收入无关的支出	＊	＊	＊	＊
28	（十五）境外所得分摊的共同支出	＊	＊	＊	＊
29	（十六）其他	＊	＊	＊	＊

行次	项　　目	账载金额	税收金额	调增金额	调减金额
		1	2	3	4
30	三、资产类调整项目(31＋32＋33＋34)	＊	＊	＊	＊
31	(一)资产折旧、摊销(填写 A105080)	＊	＊	＊	＊
32	(二)资产减值准备金	＊	＊	＊	＊
33	(三)资产损失(填写 A105090)	＊	＊	＊	＊
34	(四)其他	＊	＊	＊	＊
35	四、特殊事项调整项目(36＋37＋38＋39＋40)	＊	＊	＊	＊
36	(一)企业重组(填写 A105100)	＊	＊	＊	＊
37	(二)政策性搬迁(填写 A105110)	＊	＊	＊	＊
38	(三)特殊行业准备金(填写 A105120)	＊	＊	＊	＊
39	(四)房地产开发企业特定业务计算的纳税调整额(填写 A105010)	＊	＊	＊	＊
40	(五)其他	＊	＊	＊	＊
41	五、特别纳税调整应税所得	＊	＊	＊	＊
42	六、其他	＊	＊	＊	＊
43	合计(1＋12＋30＋35＋41＋42)	＊	＊		＊

注:"＊"表示不用填写内容。